Barbara
Kündig

Das Universum kennt deinen Weg

12 universelle Gesetze
die dein Leben auf zauberhafte
Weise beeinflussen

WINDPFERD

Wichtiger Hinweis: Die in diesem Buch beschriebenen Methoden sollen ärztlichen Rat und medizinische Behandlung nicht ersetzen. Die in diesem Buch vorgestellten Informationen sind sorgfältig recherchiert und wurden nach bestem Wissen und Gewissen dargestellt. Dennoch übernehmen Autorin und Verlag keinerlei Haftung für Schäden irgend welcher Art, die direkt oder indirekt aus der Anwendung oder Verwendung der Angaben in diesem Buch entstehen. Sämtliche Informationen in diesem Buch sind für Interessierte zur Weiterbildung gedacht.

1. Auflage 2020
© 2019 Windpferd Verlagsgesellschaft mbH, Aitrang
Alle Rechte vorbehalten
Umschlaggestaltung: Jennifer Jünemann | bitdifferent,
unter Verwendung eines Fotos von 123rf
Fotos und Illustrationen im Innenteil: Unsplash und 123rf
Autorenfoto: Tina Steinauer
Lektorat: Sylvia Luetjohann
Druck und Bindung: C. H. Beck, Nördlingen

Printed in Germany
ISBN 978-3-86410-226-4
www.windpferd.de

Inhalt

Vorwort   5

Was dir dieses Buch bietet   7

Allgemeine Einführung in die 12 Gesetze   11

1. Das Gesetz der Einheit   17

2. Das Gesetz der Schwingung   25

3. Das Gesetz des Handelns   33

4. Das Gesetz der Entsprechung   41

5. Das Gesetz von Ursache und Wirkung   49

6. Das Gesetz des Ausgleichs   57

7. Das Gesetz der Anziehung   65

8. Das Gesetz der Wandlung   71

9. Das Gesetz der Relativität   77

10. Das Gesetz der Polarität   83

11. Das Gesetz des Rhythmus   91

12. Das Gesetz des Geschlechtes   97

Ein Wort auf den Weg   103

Über die Autorin   105

Vorwort

Begleitet dich der Wunsch nach Sinngebung und mehr Tiefe in deinem Leben? Willst du mehr über dich selbst und das Universum erfahren? Brennt in dir die Neugier nach den Geheimnissen unserer Existenz?

Die Fragen: Wer bin ich? Was ist der Sinn meines Lebens? gehören zu den ältesten Fragen der Menschheit. Schon immer gab es Menschen, die diesen Fragen durch eine bestimmte Praxis, sei dies Meditation, Kontemplation, Rituale oder das Studium von Schriften, nachgegangen sind. Auch gab es immer Menschen, die ihr ganzes Leben der Beantwortung dieser Fragen gewidmet haben und zu Klosterfrauen oder Mönchen, Sadhus oder Gelehrten wurden.

In der heutigen Zeit haben wir Zugang zu vielen spirituellen Wegen, Religionen, Techniken und einer unendlichen Zahl an Büchern und Kursen, die unserem Leben eine Ausrichtung geben können. Doch was liegt dahinter? Was verbindet all diese Wege? Was ist in jedem Moment und auf jedem dieser Wege wahr?

Die 12 universellen Gesetze, die schon im alten Ägypten und im antiken Griechenland beschrieben wurden, geben uns eine Antwort auf viele dieser Fragen.

Es sind immerwährende Gesetzmäßigkeiten, denen das Universum seit seinem Beginn unterliegt. Sie zu studieren, zu beobachten und anzuwenden wird deinem Leben mehr Wahrheit, Tiefe, Freiheit und inneren Frieden geben.

Nach den Regeln des Universums zu spielen bedeutet, das Universum, dein Leben und dich selbst zu verstehen. Diese Gesetze werden dir ein Tor öffnen, damit du dich einer größeren Wahrheit öffnen kannst.

Bist du bereit, dich auf diesen Weg zu begeben? Möchtest du erfahren, wie du dieses Wissen aktiv in deinem Leben anwendest? Möchtest du wissen, wie du dein alltägliches Leben entspannter und erfüllter gestaltest und zu mehr Tiefe findest?

Dann lade ich dich jetzt ganz herzlich dazu ein, die 12 universellen Gesetze zu studieren, zu beobachten und ihre Bedeutung für dich selbst in deinem Leben zu erforschen. Begib dich durch die praktische alltägliche Umsetzung dieser Gesetze auf deine Reise in ein erfülltes und zauberhaftes Leben.

Barbara Kündig

Was dir dieses Buch bietet

Wie können wir unser Leben positiv beeinflussen? Welches Wissen brauchen wir, damit wir unseren Alltag aktiv auf die bestmögliche Weise gestalten können? Diese Fragen haben mich persönlich zu den 12 universellen Gesetzen geführt. In diesem Buch lernst du diese 12 Gesetze von Grund auf kennen. Du wirst sie tief im Herzen verstehen lernen und dadurch dich selbst und dein Leben besser und auf einer tieferen Ebene verstehen.

Jedes Kapitel führt dich zunächst kurz theoretisch in das jeweilige Gesetz ein. Du bekommst Impulse dafür, das Gesetz in deinem eigenen Leben zu reflektieren. Im zweiten Teil jedes Kapitels widmest du dich der Umsetzung. Es geht also darum, das Gesetz aus der Theorie zu der realen Anwendung in deinem Leben zu bringen. Die Umsetzung besteht aus einer praktischen Übung, drei kraftvollen Affirmationen sowie einer Meditation.

Lege dir gerne ein Notizbuch bereit, damit du deine Beobachtungen und Erfahrungen mit den universellen Gesetzen aufschreiben und auf diese Weise dein Wissen vertiefen kannst. Teile dieses Notizbuch nach den 12 Gesetzen ein und notiere dir deine persönlichen Erfahrungen und Erkenntnisse.

Wenn du die 12 Gesetze aufmerksam studierst und regelmäßig anwendest, wird sich dein Verständnis von deinem Leben und deinem Umfeld zum Positiven wandeln. Du wirst die Anwendung und Auswirkungen der Gesetze überall wiederfinden und damit mehr Macht über dein Leben erlangen.

Es besteht kein Zeitdruck! Ich schlage dir vor, jedes Gesetz sorgfältig durchzulesen und die darin vorgestellten Übungen mit viel Hingabe durchzuführen. Lass dir beim Verstehen der Gesetze die nötige Zeit. Sie sind kein Gedicht, das du auswendig lernen musst. Es geht vor allem darum, dein Verständnis und deine konkreten Erfahrungen mit den universellen Gesetzen auf ganz praktische Weise zu vertiefen.

Dabei darfst du auch schon scheinbar kleine Schritte als Erfolge anerkennen. Denn daraus setzen sich letztendlich die Veränderungen in die von dir gewünschte Richtung zusammen.

Zudem empfehle ich dir, jeweils zwei Listen zu führen, die dich dabei unterstützen, vertieft zu reflektieren:

Die erste Liste dient dazu zu erkennen, wie das Gesetz dich in deiner Vergangenheit beeinflusst hat und welche Auswirkungen es auf dein Leben hatte. In der Folge kannst du diejenigen Dinge, die du nicht mehr in deinem Leben haben möchtest, sogleich loslassen.

Die zweite Liste dient dazu, die Gesetze aktiv in dein Leben zu bringen, es neu zu gestalten und auszuwählen, was du in Zukunft tun möchtest. So kannst du die Dinge, die für dich wichtig sind, auch tatsächlich umsetzen und in dein Leben ziehen.

Ich persönlich mag Listen und das schriftliche Festhalten wichtiger Erkenntnisse und spüre den großen Nutzen daraus: einerseits, um einen Überblick zu bekommen, was ich loslassen will, und andererseits, um einen Überblick zu bekommen, wo der Weg hingeht.

Zudem gibt es zu jedem der Gesetze drei kraftvolle Affirmationen, die dir dabei helfen werden, das jeweilige Gesetz zu verinnerlichen und dich dafür noch weiter zu öffnen Diese Affirmationen kannst du über den Tag verteilt immer wieder mal zu dir selbst sagen oder du kannst sie in deine Meditation einbauen, ganz wie du möchtest.

Für jedes der 12 Gesetze lade ich dich weiterhin zu einer Meditation ein. Die Audio-Dateien dazu kannst du unter folgendem Link herunterladen:

www.windpferd.de/das-universum-kennt-deinen-weg-downloads
Benutzername: universum   Passwort: cw8fPFDf@RJsaQ

Führe die Meditationen im Sitzen oder im Liegen aus, morgens oder abends – so wie es für dich am besten passt. Du kannst die Inhalte der Meditationen auch verinnerlichen, sodass du diese zu einem späteren Zeitpunkt unabhängig von den Audio-Dateien ausführen kannst.

In diesem Buch lernst du also nicht einfach nur trockene Theorie, sondern du bekommst Hilfestellungen, damit du die Gesetze verstehen, annehmen und verinnerlichen kannst. Der Nutzen, den du daraus für dein Leben ziehen wirst, ist außerordentlich groß – lass dich also ein auf eine Reise in die Tiefen unseres Universums und gleichzeitig in die Tiefen deiner inneren Welt.

Allgemeine Einführung in die 12 Gesetze

Viele Menschen sind bereits mit dem „Gesetz der Anziehung" vertraut. Dieses Thema hat in den letzten Jahren in spirituellen Kreisen große Beliebtheit gewonnen. Es ist bekannt als das Gesetz oder auch das Geheimnis (The Secret), dank dem du all deine Wünsche in Erfüllung gehen lassen kannst. Das Gesetz der Anziehung besagt, dass du dich mit aller Kraft auf die Erfüllung deines Wunsches konzentrieren sollst. Mit Hilfe von Affirmationen, Visualisierungen und Glaubenssätzen teilst du dem Universum mit, was du in deinem Leben manifestieren möchtest.

Vielleicht hast du bereits versucht, dieses Gesetz für dich anzuwenden und dir deine Herzenswünsche zu erfüllen. Allerdings hast du dabei aber gemerkt, dass du auf innere Blockaden stößt oder es dir schwerfällt, dich positiv auszurichten. Auch wenn das Gesetz der Anziehung wahr und machtvoll ist und zur Wunscherfüllung genutzt werden kann, ist es manchmal nicht allen Menschen sofort zugänglich. Manche sehen sich vielleicht zu sehr als Opfer ihrer Umstände und können einfach nicht glauben, dass sie die Erfüllung ihrer Wünsche wirklich verdienen. Anderen fällt es schwer, ihre Herzenswünsche überhaupt zu erkennen.

Woran liegt das?

Das Gesetz der Anziehung ist tatsächlich nur eines von insgesamt 12 Gesetzen, die du für die Gestaltung eines erfüllten Lebens nutzen kannst. Jedes einzelne dieser Gesetze birgt tiefere Geheimnisse in sich. Indem du diese Gesetze studierst, erkennst und anwendest, bekommst du kraftvolle Werkzeuge an die Hand, um in deinem Leben mehr Sinn, mehr Harmonie und mehr Freude zu manifestieren. Sie werden dir helfen, dich selbst zu erkennen, überkommene Glaubensmuster und Überzeugungen loszulassen. Sie werden dir den Weg weisen, wie du freier, froher, entspannter und harmonischer leben kannst. Erst das Zusammenspiel aller 12 Gesetze macht das Leben wahrlich zauberhaft.

Solltest du bereits vom Gesetz der Anziehung gehört haben oder damit vertraut sein, öffne dich also für eine tiefere und vollkommenere Wahrheit, die dir die 12 Gesetze eröffnen werden. Das Gesetz der Anziehung wird oft vereinfacht dargestellt. Um die Kraft des Universums voll und ganz für dich nutzen zu können, ist es wichtig, dass du alle weiteren Gesetze kennenlernst. Es ist wichtig, dass du erfährst, wie die Gesetze miteinander zusammenhängen. Du lernst nicht nur, wie du auf diese Weise all deine Herzenswünsche sich erfüllen lassen kannst, sondern zum Beispiel auch, wie du harmonischer mit deinem Umfeld leben kannst, deine Vergangenheit loslassen kannst und wie du etwas Größeres in dein Leben hineinlässt.

Schaffe Platz und Raum in dir für eine universelle Wahrheit. Der Weg, den die Gesetze dir eröffnen, geht hin zu dem Bewusstsein, dass du mit dem Universum eine Einheit bildest und deinen Platz darin hast. Wenn wir uns den Gesetzen und der universellen Kraft hingeben, finden wir automatisch zu mehr Freiheit, mehr Harmonie, mehr Frieden und mehr Zeit und Zauber in unserem Leben.

Unsere Beziehungen werden bedeutungsvoller und tiefer, unsere Arbeit wird zu unserer Freude, und wir finden endlich heraus, was es ist, das uns bisher in unserem Leben fehlte.

Wir haben diese Gesetzmäßigkeiten nicht in der Schule gelernt. Unsere Erzieher*innen, Eltern und Lehrer sind in den allermeisten Fällen nach rationalen Kriterien und Vorgaben bei der Erziehung vorgegangen. Wir haben viel über gesellschaftliche Konventionen erfahren und gelernt, uns danach auszurichten. Viele Menschen haben sich für den Großteil ihres Lebens daran gehalten und so gelebt, wie es uns in der Schule und von der Gesellschaft beigebracht wurde. Oftmals kommt irgendwann im Leben der Moment, wo Menschen spüren, dass es noch mehr gibt als nur das, dass es eine größere, allumfassendere Wahrheit und Realität gibt. Und genau deswegen liest du gerade diese Zeilen.

In den folgenden Kapiteln wirst du eine Einweihung in diese 12 Gesetze erleben.

Ich lade dich auf eine Reise durch die universellen Gesetzmäßigkeiten ein. Nimm dieses Wissen als Basis, um deine eigenen Erfahrungen zu machen. Lass die Gesetze in dein Denken, Fühlen und Handeln einfließen, bis sie selbstverständlich werden. Denn nur dann, wenn du die Gesetze in ihrer Tiefe verstehen und anwenden lernst, wird sich ihre volle Kraft sowie ihre Magie in deinem Leben entfalten.

Für eine solche Reise braucht es vor allem Offenheit. Sei offen, neugierig und dazu bereit, in eine ganz neue Dimension des Lebens zu tauchen. Auch braucht es Bereitschaft, dich selbst zu verändern, Altes loszulassen und Neues zuzulassen. Dies kann bedeuten, dass du Glaubensmuster, die du in deinem Leben bislang für dich als wahr angesehen hast, loslassen musst. Aber keine Sorge, aus eigener

Erfahrung und aus den Erfahrungen mit meinen vielen Klienten und Teilnehmerinnen kann ich dir sagen, dass ein Leben im Einklang mit den universellen Gesetzen nur positive Veränderungen bringt.

Diese Gesetze sind jedem zugänglich, der dafür offen ist. Du brauchst dafür kein Vorwissen oder besonders viel Zeit. Du wirst sehen, dass in dir bereits etwas existiert, das die Gesetze intuitiv versteht. Genau darum geht es: dieses bereits vorhandene Wissen in dir wiederzufinden. Du brauchst die 12 Gesetze nicht auswendig zu lernen. Jedoch kann es anfangs hilfreich sein, dich immer wieder auch in schriftlicher Form an die einzelnen Gesetze zu erinnern. Lies jedes Kapitel gerne mehrmals durch.

Ich persönlich mag verständliche und leicht zugängliche Techniken, die wirklich jedem Menschen offenstehen. Daher ist dieses Buch darauf ausgerichtet, dich nicht mit Theorie zu überfordern, sondern dich Schritt für Schritt und mit anwendbaren Techniken in die Gesetze des Universums einzuführen.

Dennoch ist etwas Theorie für dieses Buch und das Verständnis der universellen Gesetze wichtig. Die kraftvolle Wirkung der Gesetze entsteht unter anderem auch dadurch, dass du ihre Existenz für dich selbst entdeckst. So lernst du, tiefer zu blicken, als du es bisher in deinem Leben getan hast. Du wirst lernen zu verstehen, warum gewisse Situationen immer wieder zu dir zurückkehren. Du wirst verstehen, aus welchem Grund gewisse Szenarien, Emotionen oder Ideen eine größere Rolle in deinem Leben spielen als andere und wie du diesen Kreislauf durchbrichst. Manchmal sind wir wie gefangen in unseren eigenen Mustern und unserer selbst erschaffenen Realität und wissen nicht, wie wir daran etwas ändern können. Genau dies lernst du hier.

Die 12 Gesetze werden Licht in das Dunkel von ungeklärten Situationen bringen. Stück für Stück werden sie dich zu einer Meisterin und Schöpferin deines Lebens machen. Situationen, in denen du dich bisher allenfalls als ein Opfer der Umstände gesehen hast, können gelöst werden.

Die Gesetze werden dir zeigen, dass du die Macht über deine Realität hast und niemand anderes.

Nun wünsche ich dir eine kraftvolle Zeit mit diesem Buch, mit den universellen Gesetzen und viele offenbarende Momente, neue Erkenntnisse und zauberhafte Ereignisse in deinem Leben.

1. Das Gesetz der Einheit

„Je näher man die Natur wird kennenlernen, desto mehr wird man einsehen,
dass die allgemeinen Beschaffenheiten der Dinge
einander nicht fremd und getrennt sind."
– IMMANUEL KANT –

Das erste Gesetz – das Gesetz der Einheit – besagt, dass alles im Universum eins ist. Das bedeutet, dass alle Materie, alle Menschen sowie alles für das bloße Auge Unsichtbare, wie zum Beispiel Gedanken und Gefühle, untrennbar miteinander verbunden sind. Es ist nur unsere Sichtweise auf die Dinge, die Trennung erscheinen lässt. Unser Verstand trennt den Tisch vom Stuhl, den Himmel von der Erde und uns selbst von anderen Menschen. Nach dem Gesetz der Einheit ist dies jedoch eine Illusion und in Wahrheit ist alles eins.

Würden wir auf detaillierte Art und Weise in die Materie hineinzoomen, würden wir sehen, dass sich die Atome eines Tischs nicht von den Atomen eines Stuhls unterscheiden. Stattdessen sähen wir, dass alles zu 99,99 % aus leerem Raum besteht und die Masse, also die Atome, weniger als 0,001 % des Raumes ausmachen. Wo entsteht also Trennung? Nur in unserem Verstand, der die Dinge voneinander trennt und sie benennt.

In unserem Alltag glauben wir zumeist, dass wir nur mit den Menschen aus unserer näheren Umgebung verbunden sind. In Wahrheit sind wir jedoch mit allem verbunden. Wir alle haben unseren Ursprung im universellen oder göttlichen Bewusstsein – wie du es auch nennen möchtest. Wir bleiben immer durch den göttlichen Ursprung miteinander verbunden, auch wenn jeder von uns sich als Individuum auf diesem Planeten inkarniert hat. Du kannst dir das bildlich vorstellen wie bei einem Fischernetz: Alle Knotenpunkte sind durch Fäden miteinander verbunden. Wenn du an einem Faden im Netz ziehst, wird sich das ganze Netz bewegen.

Vielleicht hast du schon mal ein Brot gebacken oder einen Eintopf gekocht und weißt, welchen Einfluss eine Prise Salz auf ein Gericht haben kann. Vielleicht ist dir auch schon mal etwas misslungen und du hast mit etwas zu viel scharfem Chili ein ganzes Gericht zunichtegemacht: Du gibst etwas in das System hinein und es wird Auswirkungen auf das Ganze haben, da nichts getrennt voneinander ist.

Im beruflichen Umfeld hast du vielleicht schon das Phänomen erlebt, dass an verschiedenen Orten ähnliche Ideen auftauchen. Man könnte denken, es sei Nachahmung oder sogar Spionage. Das Gesetz der Einheit zeigt uns, dass, wenn an einem Ort – wie bei einem Knoten im Netz – ein Thema auftaucht, es sich im ganzen Netz ausbreitet und daher auch an anderen Orten auftauchen kann.

Deine Einflussmöglichkeiten auf dein Leben und dein Umfeld sind somit viel größer, als du es dir bisher vielleicht vorgestellt hast. Vermutlich hattest du auch schon den Wunsch, etwas Gutes für die Menschheit oder für unseren Planeten zu tun, hattest aber den Eindruck: Ich kann ja nicht die ganze Welt retten. Wo könntest du also beginnen?

Sobald du dich entschließt, deine ganze Kraft zu leben und die beste Version deiner selbst zu werden, wird dies automatisch Auswirkungen in der Außenwelt haben, und zwar nicht nur auf deine nähere, sondern auch auf deine weiter entfernte Umgebung. Sobald ein Knoten im Netz stärker wird, hat dies Einfluss auf alle anderen Knoten. Dieser Einfluss geschieht durch das Prinzip der Einheit. Auch vermeintlich kleine Beiträge für das Wohlbefinden anderer können einen großen Einfluss haben.

Es gab einmal einen Bauern, der jedes Jahr den Preis für den besten Weizen gewann und jedes Frühjahr seinen Konkurrenten Samen von seinem besten Weizen schenkte. Einmal wurde er gefragt: Warum gibst du deinen Nachbarn die Samen deines guten Weizens? Erhöhst du damit nicht die Möglichkeit, dass du im nächsten Jahr verlieren könntest? Und er antwortete: Der Wind trägt die Samen meiner Nachbarn zu mir und es entsteht eine Kreuzung mit meinem Weizen. Wenn meine Nachbarn minderwertigen Weizen haben, wird dies auch meinen Weizen stetig verschlechtern. Indem ich meinen Nachbarn also von meinem guten Weizen gebe, kann ich sicher sein, dass mein Weizen gut bleibt.

Diese Geschichte verdeutlicht, dass wir alle im selben Boot sitzen. Wir dürfen die wunderbare Einladung erkennen, wirklich in die eigene Kraft zu kommen und immer wieder zu überlegen: Wo kann ich dienen? Wo kann ich etwas Gutes tun? Wo kann ich meine Fähigkeiten einbringen? Sobald du etwas Gutes kreierst, wird es sich im Netz des Gesamtsystems ausbreiten.

Das Gesetz der Einheit lädt dich ein, gut auf dich selbst zu achten – denn je stärker du bist, desto stärker und konstruktiver kannst du Einfluss nehmen. Manchmal glauben wir, dass wir uns zuerst immer um andere kümmern müssten und erst dann uns selbst zuwenden dürften. Es ist jedoch genau andersherum: Ein gutes Beispiel dafür liefern die Sicherheitsvorkehrungen im Flugzeug: Du wirst klar angewiesen, bei einem Notfall zuerst dir selbst die Sauerstoffmaske anzulegen und erst dann anderen zu helfen. Auf den ersten Blick mag das vielleicht unlogisch scheinen, es ist jedoch wichtig, dass du dich stark, wach und kraftvoll fühlst, damit du optimal deinen Mitmenschen helfen kannst.

Umsetzung

Das Gesetz der Einheit lädt dich ein, alle Menschen als gleichwertig zu betrachten. Tritt Menschen, denen du noch nie begegnet bist, mit der Haltung gegenüber: Auch dies ist eine Schwester oder ein Bruder. Sieh in allen Menschen ihr Potential und ihren ureigenen guten Wesenskern. Lebe aus dem Herzen und versuche, sowohl dir selbst als auch deinem Umfeld möglichst viel Liebe und Wohlwollen zukommen zu lassen.

Praktische Übung:

Beobachte im Laufe des Tages, wo du in den Begegnungen mit anderen Menschen vielleicht ungewollt Trennung erschaffst, zum Beispiel durch Gefühle wie Neid oder Konkurrenzdenken. Mache dir klar, dass der Erfolg eines anderen Menschen auch den Erfolg in dir verstärkt und andersherum. Geh bewusst immer wieder in die Wahrnehmung der Einheit. Spüre, was dies in dir verändert.

Affirmationen:

Ich bin verbunden mit *allem*.

Ich lebe meine *beste Version*.

Ich *bin*.

Meditation:

Lege oder setze dich bequem hin.

Schließe deine Augen.

Nimm deinen Körper ganz bewusst wahr… deine Füße, Beine, den Oberkörper, die Hände,
   Arme und den Kopf.

Beobachte einige Atemzüge lang deine Atmung.

Beobachte, wie der Geist immer ruhiger wird.

Bringe deine Aufmerksamkeit jetzt nach innen.

Nimm deinen Körper wahr, deine Organe, dein Herz.

Bringe dann die Aufmerksamkeit langsam nach außen.

Nimm zuerst deine Haut wahr und dann die Luft, die dich umgibt.

Dehne deine Aufmerksamkeit weiter aus, nimm auch Gegenstände wahr, die dich umgeben.

Spüre auch die Verbundenheit zwischen dir und allem außerhalb von dir.

Nimm jetzt auch die Verbundenheit mit dir nahestehenden Menschen wahr

und auch die Verbundenheit mit den Menschen, die weiter entfernt von dir sind

und die du vielleicht gar nicht kennst oder noch nie gesehen hast.

Nimm auch die Verbundenheit mit allem Feinstofflichen wahr,

mit allen Gedanken, Ideen, Vorstellungen, die in dieser Welt existieren,

und werde dir ganz bewusst darüber, dass alles eins ist.

Sag dir jetzt: Ich bin mit allem verbunden,

und wiederhole dann auch: Ich bin.

Beginne den ganzen Körper langsam wieder zu bewegen.

Öffne jetzt deine Augen.

Geh ganz präsent und bewusst wieder in deinen Alltag.

2. Das Gesetz der Schwingung

„Wer das Prinzip der Schwingung begreift,
hat das Zepter der Macht ergriffen."

– KYBALION –

Das zweite Gesetz — das Gesetz der Schwingung – besagt, dass alles im Universum aus Schwingung besteht. Schwingung bedeutet, dass alles immer in Bewegung ist, und zwar auf einer bestimmten Frequenz. Der Urzustand des Universums schwingt dabei auf der höchsten Frequenz, die feste Materie auf der niedrigsten.

Denn, aus was besteht die Materie, wenn wir tiefer in sie hineinschauen? Wie schon beim Gesetz der Einheit beschrieben, besteht Materie aus Atomen und diese bestehen hauptsächlich aus leerem Raum und Elektronen, die sich um einen Kern herum bewegen. Ein Grundprinzip der Atomphysik lautet: Alle Teilchen befinden sich in ständiger Bewegung. Somit schwingt auch Materie, da sie ja eine Anhäufung von Atomen ist.

Vielleicht ist es nicht auf den ersten Blick nachvollziehbar, dass alles Schwingung ist, weil wir es nicht sehen. In unserer Realität sehen wir sehr viel (scheinbar) feste Materie: Möbel, Wände, Autos, Bäume, Steine u.v.m. All das sind jedoch verdichtete Schwingungen, was heißt, sie schwingen langsamer als feinstoffliche Materie. Selbst scheinbar feste Materie wie Steine oder Möbelstücke bestehen, wenn man genau hinsieht, ausschließlich aus beweglichen Elementen und schwingen auf einer bestimmten Frequenz.

Einige Schwingungen sind offensichtlicher, zum Beispiel Musik. Manche Musik hilft uns dabei einzuschlafen, andere weckt uns auf und wir bekommen Lust zu tanzen. Rockmusik hat eine andere Auswirkung auf dich als klassische Musik. Dies geschieht durch die unterschiedliche Schwingung, die in deinem Körper und Geist ankommt und dort wirkt. Genauso verhält es sich mit allen feststofflichen und feinstofflichen Dingen und Vorkommnissen in unserer Welt.

Für die praktischen Anwendungen des Gesetzes ist es wichtig zu erkennen, dass auch deine Gedanken und Gefühle eine bestimmte Schwingungsfrequenz haben. Jeder Gedanke, der ausgesendet wird, hat Auswirkungen auf dich und deine Umgebung. Daher erklärt sich, dass Gedanken viel mehr schöpferische Kraft haben, als viele Menschen glauben.

Warst du schon einmal in einer Firma oder einem Unternehmen, wo dir bereits in der Eingangshalle auffiel, dass dort eine ganz eigenartige Stimmung in der Luft liegt? Du hast den Stress förmlich gespürt, bevor du überhaupt mit jemandem gesprochen hast. In diesem Fall hast du die Schwingungen der Gedanken und der Gefühle der Mitarbeiter dieses Unternehmens wahrgenommen. Oder du warst an einem äußerst angenehmen Ort, beispielsweise in einer inspirierenden, kreativen Firma und hast dich danach selbst besser gefühlt.

Vielleicht warst du schon einmal an einem besonderen Ort, wie zum Beispiel einer Kirche oder einer alten Ritualstätte, an dem du eine ganz besondere Energie gespürt hast. Auch hier war das Gesetz der Schwingung im Spiel.

Oder du triffst eine Person, die gerade eine frohe Botschaft erhalten hat, und du kannst ihre Gefühle deutlich wahrnehmen, bevor ihr euch darüber austauscht. Hier hilft dir deine Intuition, die Schwingungen wahrzunehmen und sie zu deuten.

Sei dir bewusst, dass du in jedem Moment selbst eine bestimmte Schwingung hast und diese sich auf deine Umgebung auswirkt. Beachte, dass deine Frequenz ähnliche Frequenzen anzieht (siehe Gesetz der Anziehung). Sei dir bewusst, dass die Schwingungen deiner Umgebung und anderer Menschen auch auf dich wirken, und achte darauf, dass du dich keinen Energien mit tiefer Schwingung aussetzt. Nutze dieses Gesetz zu deinem eigenen Wohl und dem Wohl der anderen. Gib negativen Gedanken weniger Energie, tausche sie gegen positive. Schaffe Raum für die Urkraft des Universums, denn diese ist die am höchsten schwingende Energie.

Umsetzung

Das Gesetz der Schwingung kannst du auf zweierlei Weise nutzen: Erstens kannst du mit deiner Intuition die Schwingung von Dingen, Menschen und Orten wahrnehmen und erspüren. Diese Fähigkeit kannst du entwickeln und genauer und akkurater werden lassen. Diese Wahrnehmungen helfen dir, mehr Empathie für andere zu entwickeln und dich selbst aus unpassenden Umständen zu entfernen. Zweitens kannst du aktiv Gedanken mit einer bestimmten Schwingung aussenden, um etwas zu verändern. Wenn du viele negative Gedanken hast, dann wandle sie in positive um, indem du einen Satz beispielsweise direkt in sein Gegenteil umformulierst. Wenn du denkst: Heute wird ein anstrengender Tag, so denke stattdessen: Heute bin ich den ganzen Tag voller Energie. Somit kannst du deine eigene Schwingung verändern und wirst mit positiveren Menschen und Ereignissen in Resonanz treten.

Praktische Übung:

Nimm dir vor, bewusst auf die Schwingung eines Ortes zu achten, wenn du ihn betrittst: ein Konferenzraum, eine U-Bahn, ein Konzertsaal, ein Wald oder ein Schwimmbad. Es funktioniert mit jedem Ort. Versuche, dich bewusst auf den Raum einzustimmen. Wenn du so etwas noch nie gemacht hast, beginne schrittweise damit. Was für ein Gefühl vermittelt mir dieser Ort? Bin ich gerne hier? Wenn ja, warum? Wenn nein, warum? Fühlt sich die Energie des Raumes vielleicht schwer an? Beispielsweise haben Räume ohne Fenster und mit künstlichem Licht generell eine tiefere Schwingung als offene, von Tageslicht durchflutete Räume. Werde dir mehr und mehr bewusst, wie dein Körper und Geist auf verschiedene Orte reagieren. Auf ganz natürliche Weise wirst du immer mehr die Umgebung wählen, die dir guttut und dir dabei hilft, selbst in eine höhere Schwingung zu kommen.

Affirmationen:

Ich lebe die Schwingung von *Freude* und *Leichtigkeit*.

Ich *lebe* täglich in hoher *Schwingung*.

Ich *kreiere* ein Umfeld mit hoher Schwingung.

Meditation:

Lege oder setze dich bequem hin.

Schließe deine Augen.

Nimm deinen Körper ganz bewusst wahr... deine Füße, Beine, den Oberkörper, die Hände, Arme und den Kopf.

Beobachte einige Atemzüge lang deine Atmung.

Beobachte, wie der Geist immer ruhiger wird.

Bringe deine Aufmerksamkeit jetzt ganz in deinen inneren Raum.

Nimm wahr, welche Schwingungen du momentan dort wahrnehmen kannst.

Lass jegliche Bewertung los und nimm einfach die Schwingung wahr, die sich in deinem Inneren ausgebreitet hat.

Fass jetzt die Absicht, deine Schwingung zu erhöhen, wenn sich das für dich stimmig anfühlt.

Stell dir vor, wie sich deine Schwingung langsam erhöht, bis du ein deutlich höheres Niveau erreicht hast.

Arbeite mit der Kraft deiner Vorstellung.

Nimm jetzt wahr, wie diese höhere Schwingung sich in dir festigt ... In deinem ganzen Körper und in deinem Geist.

Nimm dann auch wahr, wie diese höhere Schwingung nach außen über deinen Körper hinausströmt ... und wie diese höhere Schwingung bleibt, auch wenn du nach draußen gehst... unter Menschen oder zur Arbeit.

Fass die klare Absicht: Ich bleibe in dieser hohen Schwingung.

Wiederhole jetzt für dich: Ich lebe täglich in hoher Schwingung.

Wiederhole dann auch: Ich bin.

Beginne den ganzen Körper langsam wieder zu bewegen.

Öffne jetzt deine Augen.

Geh ganz präsent und bewusst wieder in deinen Alltag.

3. Das Gesetz des Handelns

„Es ist nicht genug zu wissen, man muss auch anwenden;

es ist nicht genug zu wollen, man muss auch tun."

– Johann Wolfgang von Goethe –

Das dritte Gesetz – das Gesetz des Handelns oder der Anwendung – besagt, dass erst durch das konkrete Handeln Dinge manifestiert werden können. Es bringt nichts, viel Wissen zu besitzen, wenn man es nicht anwendet. Theorie alleine nützt nichts, wenn sie nicht auch praktisch umgesetzt wird. Daher müssen unsere Handlungen in Einklang mit unseren Herzenswünschen sein, um diese zu verwirklichen.

Erst wenn du mit einer Gartenhacke im Frühjahr das Beet zu bearbeiten beginnst, wird Wachstum und Ernte möglich. Solange du das Beet noch in seinem winterlichen Schlafzustand lässt, wird nichts geschehen. Einen Herzenswunsch zu spüren oder eine klare Absicht zu haben ist wichtig, aber es genügt noch nicht. Diese werden erst dann zum Leben erweckt, wenn du auch die notwendigen konkreten Schritte unternimmst.

Oftmals warten wir auf irgendeine Erlaubnis oder eine Einladung von außen, um ins Handeln zu kommen. Dabei ist es jedoch wichtig zu erkennen, dass die Verantwortung bei uns selbst liegt. Nur wir selbst können durch konkretes Handeln unserer Absicht Leben einhauchen. Dein Handeln sollte stets deine Träume unterstützen und nicht das Drama verstärken. Frage dich also immer: Ist das, was ich gerade tue, ein Schritt in die von mir gewünschte Richtung? Dabei ist es ganz wichtig, dass du immer im vollen Vertrauen handelst. Sei dir bewusst, dass deine wahren Absichten von der größeren Kraft oder dem göttlichen Bewusstsein unterstützt werden. Bleibe also auch bei herausfordernden Schritten stets im Vertrauen.

Reflexion: Gibt es Entscheidungen, die ich herauszögere? Welche Entscheidungen habe ich bereits getroffen, aber noch nicht danach gehandelt?

Eine klare Entscheidung zu treffen geht dem Handeln voraus. Oftmals reicht es sogar, sich konkret für etwas zu entscheiden, um die Dinge in die richtige Richtung zu lenken. Vieles geschieht danach auch von alleine. Eine bekannte Heilpädagogin hat mir einmal erzählt, dass, wenn Eltern die Entscheidung treffen, sich der Lernschwierigkeit ihres Kindes zu widmen, dieses Kind oftmals bereits Entwicklungsschritte macht. Die Entscheidung der Eltern lenkt die Energie bereits in die richtige Richtung. Vielleicht hast du es schon auf der beruflichen Ebene erlebt, dass du eine Entscheidung getroffen hast mit unmittelbaren Auswirkungen: Beispielsweise willst du dich beruflich neu orientieren und schreibst in der Folge eine Kündigung. Kurz nach dieser Entscheidung flattern bereits Stellenangebote in deinen Posteingang. Schon allein die Entscheidung bewirkt, dass sich die Dinge in die richtige Richtung entwickeln.

Sei dir immer darüber klar: Fühlt sich dieser Schritt stimmig an? Ist es im Einklang mit dem, was ich bin und was ich vom Leben möchte? Wenn ja, dann handle danach.

Nimm bei Entscheidungen und beim Handeln immer das Instrument der Intuition zu Hilfe. Die Intuition eröffnet dir den Zugang zum Feld der räumlich und zeitlich unabhängigen Informationen. Die Intuition ist die Partnerin des rationalen Geistes und du kannst sie besonders einfach nutzen, wenn du entspannt bist und dein Geist – in Form deiner Gedanken – ruhig ist. Die Intuition wird dir mittels Bildern, Gefühlen oder einer untrüglichen Wahrnehmung mit der Gewissheit „Ich weiß es einfach" die für dich wichtigen Informationen zukommen lassen. Befrage also immer deine Intuition, um herauszufinden, was du tun kannst, um deinen Herzenswünschen einen Schritt näher zu kommen. Gewöhne dir an, wichtige Entscheidungen – auch große Entscheidungen – tatsächlich zu treffen und diese nicht hinauszuschieben. Stell dich den Herausforderungen. Das Gesetz des Handelns wird dich dabei unterstützen.

Sei besonders achtsam bei der Unterscheidung zwischen Intuition und Druck: Deine Intuition lädt dich freundlich zum Handeln ein, um dir dein Leben zu erleichtern.

Die Intuition ist etwas ganz anderes als Stimmen von außen – von unseren Mitmenschen oder allgemein von der Gesellschaft mit ihren Normen. Diese Stimmen führen oft zu einem inneren Druck und wir fühlen uns gezwungen, auf eine bestimmte Art und Weise zu handeln. Man hat uns vielleicht gesagt, wir müssten kämpfen und leiden, um erfolgreich zu sein, Vielleicht glauben wir, dass wir nur etwas erreichen können, wenn wir große Opfer bringen.

Das Gesetz des Handelns (in Kombination mit dem Gesetz der Schwingung und dem Gesetz des Ausgleichs) wird dir zeigen, dass, wenn du auf deine Intuition vertraust, deine Handlungen leicht und im Einklang mit deinen tiefsten Herzenswünschen stattfinden. Du wirst erleben, dass deine Handlungen von der universellen Kraft unterstützt werden. Du wirst erkennen, wann es Zeit ist zu handeln. Deine Handlungen werden sich leicht und froh anfühlen und zu magischen Resultaten führen.

Umsetzung

Vertrete ganz klar die Haltung, dass du dich den wichtigen Entscheidungen in deinem Leben stellst, auch wenn sie anspruchsvoll sind. Bleibe stets im Vertrauen und spüre, dass du immer von der universellen Kraft getragen und unterstützt wirst. Werde Meisterin im Befragen deiner Intuition. Trainiere täglich die Intuition, die dir den Zugang zu allen von Zeit und Raum unabhängigen Informationen ermöglicht. Geh dazu in einen entspannten Zustand. Dies kann im Sitzen oder im Liegen sein, doch du kannst diesen Zustand auch in Bewegung erlangen, zum Beispiel auf einem Spaziergang in schöner Umgebung. Lass deine Gedanken weiterziehen, wie Wolken am Himmel. Stell dann deine Frage, auf die du eine Antwort erhalten möchtest. Wende dich besonders bei wichtigen Fragen immer an deine Intuition und nimm die Informationen ernst, die sie dir liefert.

Praktische Übung:

Wähle einen Lebensbereich, in dem eine Entscheidung ansteht. Entspanne dich und befrage deine Intuition dazu. Fälle diese Entscheidung entsprechend deiner Intuition. Bekräftige diese Entscheidung mit einer konkreten Handlung in der Außenwelt.

Eine Handlung, eine Aktion, kann viel mehr bewirken, als du glaubst. Manchmal ist es einfach der Mut, etwas auszusprechen oder eine kleine Veränderung herbeizuführen, um dein Leben wieder in den Fluss zu bringen. Das Universum wird dich in deinen Taten unterstützen.

Affirmationen:

Ich *handle*.

Ich bin *mutig*.

Ich *folge* meiner Intuition.

Meditation:

Lege oder setze dich bequem hin.

Schließe deine Augen.

Nimm deinen Körper ganz bewusst wahr... deine Füße, Beine, den Oberkörper, die Hände, Arme und den Kopf.

Beobachte einige Atemzüge lang deine Atmung.

Beobachte, wie der Geist immer ruhiger wird.

Spüre die Entspannung in deinem Körper und die Ruhe in deinem Geist.

Nimm jetzt einen wichtigen Herzenswunsch wahr, der momentan in deinem Leben Raum einnimmt.

Spüre in dich hinein, was deine Intuition zu deinem nächsten Schritt in Richtung Erfüllung deines Herzenswunsches sagt.

Welchen nächsten Schritt darfst du jetzt gehen, um deinem Herzenswunsch näher zu kommen?

Hör auf deine Intuition, nimm diesen nächsten Schritt bewusst wahr.

Vielleicht tauchen Bilder auf oder Worte, vielleicht hörst du eine Stimme oder hast körperliche Empfindungen.

Sieh jetzt vor deinem inneren Auge, wie du diesen konkreten Schritt tust.

Spüre, wie du dich dabei leicht und frei fühlst.

Spüre, wie beim konkreten Handeln dein ganzes Wesen von Wohlbefinden durchströmt wird und du mit Leichtigkeit und Freude handelst.

Wiederhole jetzt für dich: Ich handle.

Wiederhole auch: Ich bin.

Beginne den ganzen Körper langsam wieder zu bewegen.

Öffne jetzt deine Augen.

Geh ganz präsent und bewusst wieder in deinen Alltag.

4. Das Gesetz der Entsprechung

„Nicht, wie der Nächste geirrt oder was er versäumt hat, betrachte.
Schaue auf dich und sieh, was du selbst getan und versäumt hast."
– Buddha –

Das vierte Gesetz – das Gesetz der Entsprechung, der Analogie oder auch als Spiegelgesetz bezeichnet – ist ein weiteres sehr kraftvolles Gesetz. Es birgt unter anderem folgende Aussagen in sich: „wie innen – so außen", „wie oben – so unten", und „wie im Kleinen – so im Großen". Dieses Gesetz besagt, dass alles im Universum eine Entsprechung auf jeder Ebene des Daseins hat.

Wenn du dir die Abbildung eines Atoms anschaust, wovon wir bereits gesprochen haben, dann wirst du erkennen, dass es ein ganz ähnliches Prinzip ist wie unser Sonnensystem: Kugeln, die im leeren Raum um einen Kern kreisen. Auch hier gilt also: wie im Kleinen, so im Großen. Wir finden überall im Universum Muster, die sich im Kleinen wie im Großen widerspiegeln. In jeder Zelle deines Körpers ist die komplette DNA gespeichert. Die „Blaupause" deines ausgewachsenen Körpers ist bereits im kleinsten organischen Teil vorhanden. Im Samen einer Pflanze ist bereits die Pflanze enthalten, doch sie muss wachsen, um sichtbar zu werden. Dies sind Beispiele für Entsprechungen.

Ein für unser Zusammenleben mit anderen Menschen wichtiger Teil dieses Gesetzes ist das Prinzip der Spiegelung: wie innen – so außen. Vielleicht hast du schon einmal erlebt, dass jemand, beispielsweise dein Partner oder deine Kinder, deine eigenen Muster widerspiegeln. Viele Eltern berichten, dass sie sich erst durch ihre Kinder selbst richtig erkannt haben. Das Gesetz der Spiegelung besagt, dass sich dein Inneres außerhalb von dir spiegelt, damit du es erkennen und dadurch wachsen kannst. Es ist das dem Universum innewohnende Gesetz zur Transformation.

Reflexion: Wo habe ich schon einmal mich selbst (meine Eigenschaften oder Muster) außerhalb von mir gesehen? Wie habe ich darauf reagiert? Was hat mir das gezeigt?

Die Welt, so wie du sie um dich herum wahrnimmst, ist eine Entsprechung deines Inneren. Bist du in Harmonie mit dir selbst, bist du gleichermaßen in Harmonie mit der Außenwelt. Wenn du dich veränderst, wird sich alles um dich herum verändern. Wir versuchen oft (und oft auch vergeblich), die Dinge in der Außenwelt zu ändern oder zu reparieren und erzielen nicht die gewünschten Resultate. Nun weißt du, warum – es geht darum, dass eine Veränderung in deinem Inneren ansetzt.

Vielleicht ist es dir auch schon aufgefallen: Je mehr Spannungen und Konflikte du in deinem Inneren spürst, desto mehr erlebst du auch Konflikte in deinem äußeren Umfeld. Dies ist jedes Mal eine Einladung an dich, die Dinge in deinem Inneren zu klären. Sobald du in deinem Inneren geordnet und klar bist, wirst du feststellen, dass auch die Dinge außerhalb von dir in Ordnung kommen.

Dieses universelle Gesetz ist daher vielleicht eines der kraftvollsten Gesetze überhaupt. Gleichzeitig erfordert es aber auch Mut, in den Spiegel zu blicken und die eigene Verantwortung anzuerkennen, die durch das Spiegelgesetz ans Licht kommt. Es beendet jegliche Opferhaltung, Schuldzuweisung und mangelnde Verantwortung. Das Spiegelgesetz zu nutzen bedeutet, sich aus Abhängigkeiten zu befreien und voll und ganz in die Selbstverantwortung zu gehen. Wir dürfen erkennen, dass nur wir selbst uns verändern können. Die gute Nachricht dabei ist – wir haben die Möglichkeiten dazu!

Umsetzung

Manchmal ärgern wir uns über andere Menschen oder verurteilen sie. Tatsächlich aber sind solche Situationen eine Einladung des Universums, nach innen zu schauen.

Betrachte die Herausforderungen, die sich dir in der Außenwelt präsentieren, als Einladung. Schau nach innen und erkenne, wo du etwas lernen darfst. Freue dich über diese Lernmöglichkeiten. Sei furchtlos. Wenn du etwas Schönes siehst, dann freue dich darüber, dass deine eigene Schönheit gespiegelt wird. Begegnest du einer schwierigen Situation, dann sag dir: Wunderbar, ich darf lernen, wachsen und etwas in mir klären. Gewöhne dir an, in deinem Inneren Ordnung zu halten.

Praktische Übung:

Wenn etwas dich in deinem äußeren Umfeld stört oder traurig macht (oder eine andere intensive Emotion auslöst), nimm diese Situation und schreibe sie wie im folgenden Beispiel auf:

„Es nervt mich/macht mich traurig/wütend, dass … (zum Beispiel: mein Arbeitskollege mich inkorrekt behandelt, oder mein Partner meine verletzliche Seite nicht annimmt)."

Dann nimmst du alle Worte, die auf andere weisen, und drehst sie um, sodass sie auf dich selbst weisen. Im Beispiel wird dann daraus:

„Es nervt mich, dass ich mich inkorrekt behandle."

„Es nervt mich, dass ich meine verletzliche Seite nicht annehme."

Dann fühle in dich hinein und nimm wahr: Wo ist dieser Satz wahr? In welchen Situationen stimmt das? Schreibe alles auf, was dir dazu einfällt.

Überlege dir dann, wie du dich selbst lieber verhalten würdest: Wie möchtest du über dich denken? Wie möchtest du fühlen und/oder handeln? Sieh dich vor deinem inneren Auge, wie du neu denkst, fühlst und handelst.

Mit etwas Übung wirst du sehen, dass du auf diese Art und Weise fast alles heilen kannst, was dir in der Außenwelt begegnet.

Affirmationen:

Ich lebe *Klarheit*.

Ich lebe in der *Liebe*.

Ich sehe das *Schöne* in allem.

Meditation:

Lege oder setze dich bequem hin.

Schließe deine Augen.

Nimm deinen Körper ganz bewusst wahr… deine Füße, Beine, den Oberkörper, die Hände, Arme und den Kopf.

Beobachte einige Atemzüge lang deine Atmung.

Beobachte, wie der Geist immer ruhiger wird.

Bringe jetzt deine ganze Aufmerksamkeit in deinen inneren Raum.

Spüre, welche Energien und Qualitäten in dir lebendig sind.

Nimm wahr, welche Wirkungen diese Energien und Qualitäten außerhalb von dir haben.

Nimm dann auch wahr, welche zusätzlichen Qualitäten du noch entwickeln möchtest.

Spüre, welche Energien und Qualitäten in deinem Inneren am besten zu deinen Herzenswünschen passen.

Werde dir nochmals ganz bewusst, dass alles, was im Inneren lebendig ist, sich auch im Äußeren zeigen wird.

Bestimme ganz bewusst, was in dir lebendig sein soll.

Wiederhole für dich: Ich lebe Klarheit.

Wiederhole auch: Ich bin.

Beginne den ganzen Körper langsam wieder zu bewegen.

Öffne jetzt deine Augen.

Gehe ganz präsent und bewusst wieder in deinen Alltag.

5. Das Gesetz von Ursache und Wirkung

„Jeder ist Meister seines Schicksals;

es ist an uns, die Ursache des Glücks zu schaffen.

Das liegt in unserer eigenen Verantwortung

und nicht in der irgendeines anderen."

– Dalai Lama –

Das fünfte Gesetz – das Gesetz von Ursache und Wirkung oder auch das Gesetz des Karma – besagt, dass jede Handlung und jedes Ereignis eine Wirkung hat und dass jeder Wirkung eine ganz bestimmte Ursache zugrunde liegt.

Ein starker Windstoß wirft einen Blumentopf um und dieser zerbricht. Der Windstoß ist die Ursache und das Zerbrechen des Topfes ist die Wirkung. Jedoch hat auch der Windstoß eine Ursache, die vielleicht für uns nicht so einfach erkennbar ist. Wind entsteht wegen Druckunterschieden in der Luft. Alles hat eine Ursache.

Du hast sicherlich schon einmal erlebt, dass du extrem gute Laune hattest und damit alle um dich herum angesteckt hast. Du hast eine direkte Wirkung auf dein Umfeld gehabt. Deine gute Laune wiederum kommt von einem schönen Gespräch, das du gerade hattest, oder etwas anderem, das du erlebt hast.

Das Gesetz von Ursache und Wirkung lädt dich ein, die Ursachen, die durch dich selbst hervorgerufen werden, unter die Lupe zu nehmen und bewusst positive Ursachen zu wählen, ob du nun agierst oder auf etwas reagierst. Denn auch eine Reaktion ist ihrerseits wieder eine Ursache. Du kannst also durch eine positive Reaktion eine schwierige Situation in etwas Positives umwandeln.

Stell dir vor, jemand gibt einen negativen Kommentar über deine Arbeit ab. Wenn du nun schnippisch reagierst und dieselbe negative Energie zurücksendest, änderst du nichts. Wenn du aber stark und positiv bleibst und vielleicht mit Mitgefühl siehst, dass diese Person momentan nur ein Ventil für ihre Unzufriedenheit gesucht hat, dann nimmst du es nicht mehr persönlich und kannst deine Reaktion frei wählen. In diesem Moment hast du die Energie umgewandelt und dich von der Negativität befreit.

Reflexion: Welche Wirkung hast du allgemein auf dein Umfeld? Was ist dein Beitrag, um Dinge zum Positiven zu verändern?

Karma

Eine tiefere Dimension und Bedeutung dieses Gesetzes wird als Karma bezeichnet. Das Wort Karma kommt aus dem Sanskrit und bedeutet übersetzt „Tat", „Handlung" oder „Aktion". Es besagt, dass alles, was du tust, nicht nur eine Auswirkung auf dein Umfeld hat, sondern auch auf dich selbst und später wieder zu dir zurückkehrt. Wenn du anderen Mitgefühl gibst, öffnest du dich selbst für das Empfangen von Mitgefühl. Wenn du umgekehrt jemandem absichtlich wehtust, kommt auch das zu dir zurück. Du hast also immer die Möglichkeit, für deine Handlungen eine positive Ursache zu wählen. So wird die Wirkung sowohl auf andere als auch auf dich selbst langfristig positiv sein. In der Bibel wurde dieses Gesetz mit dem Satz „Du erntest, was du säst" umschrieben. Wenn du Karotten säst, wirst du Karotten ernten und beispielsweise keine Kartoffeln. Wenn du einen Apfelbaum pflanzt, wirst du über viele Jahre Äpfel ernten. Wenn du Liebe säst, wirst du Liebe ernten. Es gibt keine andere Möglichkeit.

Wichtig ist in diesem Zusammenhang, dass du dir bewusst bist, dass alle universellen Gesetze urteilsfrei sind. Wenn etwas Negatives zu dir kommt, ist es also keine „Strafe" dafür, was du getan hast. Es ist einfach ein Naturgesetz, dass Energien auf diese Weise im Universum wirken.

Mit diesem universellen Prinzip des Karma kannst du dein Leben auf ganz wunderbare Weise verändern. Gibt es etwas, das dir in deinem Leben fehlt, und du weißt nicht, wie du es manifestieren kannst? Der Schlüssel ist, genau diese Sache zu geben. Anne Frank schrieb es in ihr Tagebuch: „Gib, und du wirst empfangen, viel mehr, als du je für möglich gehalten hast. Gib, gib immer wieder, sei stark, halte durch und gib! Niemand ist je vom Geben arm geworden!" Um das Gesetz des Karma ganz für dich zu nutzen, wisse, dass du nicht verlieren kannst, wenn du gibst, sondern dass du dich auch immer selbst beschenkst. Wenn du dienst und andere glücklich machst, dann machst du nicht nur die anderen, sondern auch dich selbst glücklich.

Überlege dir also immer gut, welche Wirkungen du erzielen und was du ernten möchtest. Das Prinzip von Ursache und Wirkung heißt jedoch nicht, dass du, wenn du der Wirkung aus dem Weg gehen möchtest, einfach nichts tun kannst. Denn auch „Nichtstun" ist eine Ursache, die automatisch eine Wirkung haben wird (zum Beispiel ein bestimmtes Thema im Team oder in deiner Beziehung nicht anzusprechen wird dazu führen, dass die Entwicklung im Team oder in der Beziehung stagniert). Ein freier Wille ermächtigt dich, diejenigen Entscheidungen zu treffen, die sowohl dir als auch anderen Menschen dienen.

Umsetzung

Tu alles, was du tust, bewusst. Sei stets präsent, neige nicht zu vorschnellen Handlungen, sondern übe dich darin, bewusst höhere und positivere Ursachen für deine Handlungen zu wählen. Überlege dir bei all deinen Handlungen und Gedanken: Wie äußern sich die Auswirkungen hiervon? Wie reagiere ich auf bestimmte Situationen? Säe ganz bewusst Samen, die blühende Blumen versprechen.

Praktische Übung:

Welche Energien und Qualitäten möchtest du mehr in deinem Leben spüren und erfahren? Schreibe sie auf und mache es dir zur Gewohnheit, diese anderen zu schenken. Möchtest du, dass du Mitgefühl, Vertrauen, Akzeptanz von anderen bekommst? Dann beginne damit, diese Samen zu säen. Tritt deinen Mitmenschen mit dieser Einstellung gegenüber. Schau, wo du etwas Gutes tun kannst. Du wirst sehen, wie viel mehr Einfluss du auf das Leben haben kannst, als du dachtest. Mit dieser Übung kannst du gut alte Gewohnheiten ändern und dein Leben leichter und liebevoller gestalten oder es sogar komplett transformieren.

Affirmationen:

Ich übernehme *Verantwortung*.

Ich setze *positive Impulse*.

Ich kreiere *Wunder*.

Meditation:

Lege oder setze dich bequem hin.

Schließe deine Augen.

Nimm deinen Körper ganz bewusst wahr... deine Füße, Beine, den Oberkörper, die Hände, Arme und den Kopf.

Beobachte einige Atemzüge lang deine Atmung.

Beobachte, wie der Geist immer ruhiger wird.

Bringe jetzt deine Aufmerksamkeit in deinen Herzensraum und werde dir bewusst, welche Wünsche du erfüllt sehen möchtest.

Gib diesen Wünschen Raum.

Werde dir dann auch bewusst, welche Samen du für diese Wunscherfüllung säen darfst.

Was darfst du denken, fühlen und tun, damit sich diese Wünsche erfüllen?

Spüre, was du jetzt konkret denken darfst, damit sich deine Wünsche erfüllen werden.

Spüre auch, was du jetzt konkret fühlen darfst, damit sich deine Wünsche erfüllen werden.

Spüre auch, was du jetzt konkret tun darfst, damit sich deine Wünsche erfüllen werden.

Werde dir nochmals bewusst, dass alles, was du denkst, fühlst und tust, Auswirkungen außerhalb von dir zeigt.

Wiederhole für dich: Ich übernehme Verantwortung.

Wiederhole auch: Ich bin.

Beginne den ganzen Körper langsam wieder zu bewegen.

Öffne jetzt deine Augen.

Geh ganz präsent und bewusst wieder in deinen Alltag.

6. Das Gesetz des Ausgleichs

„Nicht der ist reich, der viel hat,
sondern der, welcher viel gibt."

– ERICH FROMM –

Das sechste Gesetz – das Gesetz des Ausgleichs, auch das Gesetz der Harmonie genannt – besagt, dass alle Kräfte im Universum nach Ausgleich streben. Die Grundlage dieses Gesetzes ist, dass das Universum stets zu seinem eigenen kosmischen Urzustand zurückstrebt (der altgriechische Begriff Kosmos bedeutet „Ordnung"). Dieser Urzustand ist Fülle, Harmonie und Vollkommenheit.

Das Leben besteht im Urzustand aus dem harmonischen Miteinander der Kräfte. Wir erkennen dies, wenn wir uns die Vorgänge in der Natur des Planeten Erde ohne Eingreifen des Menschen anschauen: das Wechselspiel der Pflanzen, der Tiere, des Wetters, der Jahreszeiten und so weiter. Man erkennt, dass alles in einem sensiblen Gleichgewicht funktioniert und jedes Element in der Natur in Harmonie mit allen anderen Elementen existiert. Das bedeutet Ausgleich: das Streben zurück zu Harmonie.

Da der Urzustand des Universums Vollkommenheit und Fülle ist, bringt die universelle Kraft immer Harmonie und Fülle dorthin, wo dafür Raum ist. Entsteht eine vermeintliche „Lücke", so lässt das Universum sofort Fülle in diesen Raum hineinfließen.

Kennst du das Märchen der Brüder Grimm vom süßen Brei? Ein armes Mädchen erhält von einer alten Frau einen Topf, der fortdauernd Brei produziert, sobald das Mädchen „Töpfchen, koche" sagt, sodass es nie mehr Hunger leiden muss. Du kannst die universelle Kraft mit dem Topf vergleichen. Diese Kraft wird immer Fülle an alle Stellen bringen, wo dafür Raum ist, wo noch keine Fülle herrscht.

Vielleicht hast du es in deinem Alltag auch schon erlebt, dass du etwas weggegeben hast – beispielsweise alte Kleider oder Geschirr – und wenig später bekommst du etwas Neues geschenkt. Oder du machst Frühjahrsputz und sobald du in deinem Zuhause Raum geschaffen hast, entstehen neue Dinge um dich herum: Projekte, Bekanntschaften, Hobbies. Das Universum füllt automatisch die entstandene Lücke auf. Viele erfolgreiche Unternehmer*innen berichten davon, dass sie das Gesetz des Ausgleichs kennenlernen durften. Sobald in ihrer Agenda oder den Auftragsbüchern Zeitfenster entstehen, kommen die neuen Aufträge von alleine auf sie zu.

Es kann sein, dass jetzt bei dir die Fragen auftauchen: Warum spüre ich dies nicht immer? Was steht mir im Weg? Wo bleibt die Fülle in einem bestimmten Lebensbereich?

Es gibt nur eine Möglichkeit, wie Fülle aus deinem Leben ferngehalten werden kann: wenn du den Raum dafür mit begrenzenden Überzeugungen oder Glaubenssätzen verschließt und beispielsweise denkst: „Ich bin nicht gut genug" oder „Ich bin es nicht wert" oder „Für mich ist das nicht möglich". Das Universum hört auf das, was du glaubst. Es lässt dir die Freiheit, diesen Glauben zu haben und seine Manifestation zu erfahren. Wenn du ihn jedoch loslässt, weil er dir nicht mehr dient, öffnest du einen neuen Raum. In diesen wird die Fülle unaufhaltsam einströmen.

Reflexion: Mit welchen Überzeugungen halte ich mich noch von der Fülle des Lebens fern?

Die universelle Kraft muss frei fließen können, um Fülle entstehen zu lassen. Sie darf nicht stagnieren. Es sind unsere eigenen Begrenzungen, die diese Fülle aufhalten. Von der Fülle des Lebens bekommt man so viel, wie man sich ihr gegenüber öffnet. Wir öffnen uns, indem wir alle Gedanken an Mangel und Begrenzung in uns auflösen und ohne Furcht dem Leben vertrauen.

Es kann sein, dass wir manchmal den Eindruck haben, dass uns etwas fehlt. Oder wir versuchen an Dingen festzuhalten oder sie anzuhäufen, obwohl wir sie nicht mehr brauchen. Nach dem Gesetz des Ausgleichs ist dies unnötig, denn sobald wir etwas loslassen oder etwas weggeben, wird das vermeintliche Loch sofort wieder aufgefüllt und in Fülle und Harmonie versetzt. In Wahrheit gibt es im Universum keine Löcher oder Lücken, es kennt nur die unbegrenzte Fülle und Harmonie. Es sind deine Ängste oder Sorgen, die dich in der Illusion des Mangels festhalten. Wenn du diese aber loslässt, dann wirst du andauernde und fortwährende Fülle erleben.

Umsetzung

Je mehr du dich dem Leben öffnest und dich seinem Wirken in Vertrauen hingibst, desto mehr Fülle wirst du erleben. Gib Ängste und begrenzende Gedanken und Überzeugungen auf und übe dich stets im Loslassen. Je mehr du loslassen kannst, desto mehr wird wieder zu dir zurückkehren. Wenn du an den Dingen festhältst, kreierst du im universellen Fluss einen Stau.

Dies gilt nicht nur für materielle Dinge. Du kannst auch in deinem Inneren aufräumen, alte Glaubensmuster, Gedanken, Urteile loslassen und Raum für Neues schaffen. Du kannst dir sicher sein, dass das, was kommt, frischer, lebendiger und schöner ist als das, was du loslässt. Neue Ideen, Inspirationen und Interessengebiete werden auftauchen und dein Leben wahrhaftig bereichern.

Praktische Übung:

· Dinge

In der östlichen Feng-Shui-Praxis wird darauf geachtet, dass in jedem Raum deines Hauses oder deiner Wohnung die Lebensenergie fließen kann. Geh durch deine Wohnung oder dein Haus und schau nach Dingen, die du nicht mehr brauchst, die vielleicht nur noch herumliegen oder Staub einfangen. Sieh dir einen Gegenstand an und fühle, ob du diesen wirklich brauchst und ob er dir Freude bereitet. Wenn du bereit bist, ihn wegzugeben und loszulassen, dann fühle, ob du vielleicht damit jemandem eine Freude machen könntest. Etwas zu verschenken öffnet den Fluss der Fülle ganz stark. Mache es vielleicht sogar zu einem Ritual, dich in bestimmten Zeitabständen von Dingen zu trennen, die in deinem Leben keine wirkliche Bedeutung mehr haben. So wirst du mit der Zeit merken, wie wieder Bewegung in erstarrte innere Muster kommen kann.

Gedanken

Gewöhne dir an, auf entspannte Art und Weise deine Gedanken zu beobachten. Wenn deine Gedanken in eine Richtung gehen, die dir nicht gefällt, indem sie dich beispielsweise klein machen oder dir Mangel vorgaukeln wollen, dann halte einen Moment inne. Atme dreimal lange aus und spüre dabei, wie der Gedanke und die Überzeugung aus deinem System herausfließen.

Affirmationen:

Ich gebe mit *Freude*.

Ich empfange mit *Dankbarkeit*.

Ich lebe im *perfekten Fluss*.

Meditation:

Lege oder setze dich bequem hin.

Schließe deine Augen.

Nimm deinen Körper ganz bewusst wahr... deine Füße, Beine, den Oberkörper, die Hände, Arme und den Kopf.

Beobachte einige Atemzüge lang deine Atmung.

Beobachte, wie der Geist immer ruhiger wird.

Spüre jetzt die Fülle um dich herum: Nimm wahr, dass du überall um dich herum Fülle erkennen kannst.

Nimm auch ganz bewusst Fülle an positiven Energien wie Freude, Liebe, Herzlichkeit, Gelassenheit und vieles mehr wahr.

Spüre jetzt die Fülle in dir selbst: Nimm alle deine wunderbaren Qualitäten wahr.

Werde dir bewusst, dass Fülle und Harmonie der Urzustand des Universums sind.

Werde dir zudem bewusst, dass immer dann, wenn du etwas loslässt, die Fülle wiederhergestellt wird und automatisch ein Ausgleich erfolgt.

Wiederhole für dich: Ich gebe mit Freude und ich empfange mit Dankbarkeit.

Wiederhole auch: Ich bin.

Beginne den ganzen Körper langsam wieder zu bewegen.

Öffne jetzt deine Augen.

Geh ganz präsent und bewusst wieder in deinen Alltag.

7. Das Gesetz der Anziehung

„Das Entstehen dieser Welt ist nichts anderes
als die Manifestation von Gedanken."

– Deepak Chopra –

Das Gesetz der Anziehung ist eines der wichtigsten und kraftvollsten universellen Gesetze. Es besagt, dass wir all das in unser Leben ziehen, was in uns lebendig ist – alles, was wir denken, glauben und fühlen, ob bewusst oder unterbewusst. Die Grundlage des Gesetzes der Anziehung lautet: Gedanken erschaffen Materie. Tatsächlich liegt allem ein Gedanke zugrunde: Alles entsteht aus der Kraft der Gedanken. Du kennst ja bereits das Gesetz der Schwingung, das besagt, dass alles in uns und um uns herum Schwingung auf einer bestimmten Frequenz ist. Nun gehen wir einen Schritt weiter: Jede Schwingungsfrequenz, die wir gedanklich und emotional aussenden, wirkt wie ein Magnet und zieht das Gleiche an. Anders gesagt: Die Schwingungsfrequenz, die wir aussenden, geht auf die Suche nach ihresgleichen und kehrt dann in materialisierter Form wieder.

Du kannst es dir vorstellen wie die Frequenz eines Radiosenders. Wenn du den Radiosender für die Popmusik einstellst, dann wirst du Popmusik hören, wenn du den Radiosender für Klassik einstellst, dann wird dich klassische Musik erreichen. Wenn du deine Frequenz auf Liebe einstellst, wird Liebe aufgrund der gleichen Schwingungsfrequenz zu dir kommen. Wenn du in Angst verharrst, wirst du Menschen um dich herum anziehen, die auf der gleichen Angstfrequenz leben und ebenso bestimmte Situationen, die dir Angst machen. Daher ist es so wichtig, dass wir dieses Gesetz bewusst und nicht nur unbewusst nutzen, damit wir nicht in einen Teufelskreis geraten und sich die negative Schwingung in unserem Leben immer weiter wiederholt.

Reflexion: Welche Schwingungsfrequenz würde ich in meinem Leben gerne verstärken? Was würde ich gerne mit Hilfe meiner Gedanken anziehen?

Das Gesetz der Anziehung ist aufgrund diverser Bücher und Filme bereits relativ bekannt. Oftmals wird betont, wie man das Gesetz der Anziehung zur persönlichen Wunscherfüllung nutzen kann. Das Universum scheint dann als eine Art Wunschfee zu fungieren.

Das Universum unterscheidet jedoch nicht zwischen negativen und positiven Gedanken und Gefühlen. Es bringt dir das, was du aussendest. Wenn du immer wieder denkst: „Meine Kinder sind anstrengend", wirst du genau das manifestieren – anstrengende Kinder. Dabei ist die Intensität der Gedanken ebenfalls entscheidend – je mehr Kraft und Energie du einem Gedanken gibst, desto stärker und deutlicher manifestiert er sich.

Darum ist es besonders wichtig, dass du dir bewusst bist, was in deinem Inneren lebt, damit du weißt, welche magnetischen Kräfte du aktiviert hast. Sei dir voll und ganz bewusst, dass du alles anziehen kannst, was du möchtest.

Das bedeutet jedoch auch, dass du deine innersten Überzeugungen kennst und auch immer wieder versuchst, dir Dinge bewusst zu machen, die bisher noch nicht in deinem Bewusstsein waren; denn auch deine unterbewussten Überzeugungen werden die Dinge außerhalb von dir anziehen, die ihnen entsprechen. Hol das Unterbewusste also immer mehr in dein Bewusstsein.

Nimm dir dafür regelmäßig Zeit. Setze oder lege dich hin. Stell dir die Fragen: Was lag bisher noch im Verborgenen? Was darf ich jetzt erkennen? Verweile in der Stille und beobachte ohne Bewertung und ohne Erwartung, was auftaucht. Die Inhalte deines Unterbewusstseins werden sich dir immer mehr zeigen.

Eines möchte ich dir dabei ans Herz legen: Verurteile dich nicht dafür, wenn du negative Gefühle verspürst. Es ist ganz natürlich und normal, dass man als Mensch Angst oder Schmerz empfindet. Wenn so etwas aufkommt, nutze die Chance, dir diese Gefühle näher anzuschauen. Frage dich: Woher kommen sie? Was wollen sie mir sagen? Kann ich sie vielleicht überwinden? Schiebe deine Gefühle nicht weg, sondern nimm sie an und akzeptiere sie. Das ist der schnellste Weg, um sie zu transformieren, loszulassen und Platz für Fülle und Harmonie zu schaffen.

Umsetzung

Sei klar und achte auf deine Gedanken und Gefühle. Decke deine tiefsten Überzeugungen auf und wandle sie um. Lass all die Überzeugungen los, die dich bremsen, um dein höchstes Potential zu leben. Überlege dir gut, welche magnetischen Kräfte du einsetzen willst.

Praktische Übung:

Schreibe dir auf, was du dir in deinem Leben gerade wünschst. Stell es dir so klar und bildlich vor wie möglich. Nutze deine Gefühle und stell dir vor, wie es sich anfühlt, wenn sich dein Wunsch erfüllt hat. Sende diesen Wunsch dann ins Universum hinaus.

Wichtig dabei ist, dass du das Universum nicht darauf zu beschränken versuchst, wie der Wunsch zu erfüllen ist. Es ist wichtig, dass du den Wunsch loslässt und offen dafür bleibst, was dann geschieht. Zum Beispiel hast du dich entschieden: Du wünschst dir einen Urlaub. Wenn du nun loslässt und es dir egal ist, wie genau der Urlaub zu dir kommt und wie er genau sein wird, gibst du dem Universum den Raum, diesen Urlaub für dich zu manifestieren. Vielleicht hat das Universum sogar einen anderen Plan für dich und möchte dir ein neues Badezimmer schenken, damit du dir in der kommenden Zeit wiederholt kleine Wellness-Urlaube zu Hause gönnen kannst.

Affirmationen:

Alles *Gute* kommt zu mir.

Alles geschieht mit *Leichtigkeit* und *Freude*.

Ich bin *wertvoll*.

Meditation:

Lege oder setze dich bequem hin.

Schließe deine Augen.

Nimm deinen Körper ganz bewusst wahr… deine Füße, Beine, den Oberkörper, die Hände, Arme und den Kopf.

Beobachte einige Atemzüge lang deine Atmung,

Beobachte, wie der Geist immer ruhiger wird.

Spüre in dich hinein, was du in dein Leben hineinziehen und verwirklichen möchtest.

Spüre dann auch in dich hinein, welche Überzeugungen dir dabei helfen.

Werde dir ganz bewusst, dass alle Überzeugungen, die du in dir spürst und die du täglich lebst, die entsprechenden Dinge von außen anziehen werden.

Geh nun ganz in das Bild hinein, wie du dich fühlen wirst und wie du handeln wirst, wenn sich deine Wünsche verwirklicht haben.

Nimm diese Gefühle in dir ganz bewusst wahr.

Wiederhole jetzt: Alles Gute kommt zu mir.

Wiederhole auch: Ich bin.

Beginne den ganzen Körper langsam wieder zu bewegen.

Öffne jetzt deine Augen.

Geh ganz präsent und bewusst wieder in deinen Alltag.

8. Das Gesetz der Wandlung

„In steter Veränderung ist diese Welt.

Wachstum und Verfall sind ihre wahre Natur.

Die Dinge erscheinen und lösen sich wieder auf.

Glücklich, wer sie friedvoll einfach nur betrachtet."

– BUDDHA –

Das Gesetz der Wandlung besagt, dass in der Schöpfung nichts bleibt, wie es war oder ist. Alles ist im Wandel, in stetiger Veränderung, nichts ist fest, nichts absolut. Kein Zustand, keine Idee, kein Mensch ist fortwährend oder für immer gleichbleibend.

Du kennst es sicher von deinem Keller oder Dachboden: Wenn man einen Ort für Monate oder Jahre unbeachtet lässt, bleibt er dennoch nicht einfach so, wie er war. Es entsteht eine Menge Staub, die Gegenstände fangen an, sich zu zersetzen, und Tiere beginnen den Dachboden zu bewohnen. Oder wenn du Gemüseabfälle auf den Komposthaufen wirfst, werden sie irgendwann einmal zu Humus. Doch selbst etwas scheinbar Unveränderliches wie ein Stein unterliegt dem Wetter und so wird aus einem Fels irgendwann ein Sandkorn. Alles beugt sich dem immerwährenden Wandel.

Wenn du über mehrere Jahre in einer Firma arbeitest, wirst du mitbekommen, wie diese sich mit der Zeit wandelt und verändert. Eine Cafeteria wird eröffnet, es gibt eine neue Chefin und die Firmenpolitik wird angepasst. Sicherlich kommen neue Mitarbeitende in die Firma, andere verlassen sie. Irgendwann wird es die Firma in ihrer ursprünglichen Form nicht mehr geben. Auch wenn wir viele Dinge als stabil und fest wahrnehmen, ist dies nur scheinbar so. Nichts bleibt unverändert.

Besonders gut kannst du es an dir selbst erkennen oder an Menschen in deinem näheren Umfeld. Süße Babys werden irgendwann zu Teenagern und dann zu selbständigen Erwachsenen. Wir alle werden älter und sind innerlich wie äußerlich Prozessen der Wandlung unterworfen.

Du hast sicherlich vor ein paar Jahren Ansichten gehabt, die du heute nicht mehr hast. Deine Persönlichkeit ändert sich täglich, ohne dass es dir bewusst sein muss. Wir lernen, wachsen und transformieren uns.

Schon der griechische Philosoph Heraklit prägte die Formel Panta Rhei („alles fließt") und Siddhartha (Gautama Buddha) im gleichnamigen Buch von Hermann Hesse erlangte Erleuchtung am Ufer eines Flusses. Er sah, dass alles fließt, alles sich bewegt. Alle Energie und somit alle Wesen, Gegenstände, Ereignisse und auch Ideen sind dauernd in Veränderung. Dieses Gesetz ist sehr kraftvoll, wenn du es in dein Leben zu integrieren weißt.

Du kannst nichts festhalten und keinen Zustand zementieren. Manchmal würden wir gerne auf die Pause-Taste drücken und alles so behalten, wie es gerade ist. Das funktioniert aber nicht. Wenn wir diese Weisheit des Gesetzes der Wandlung tief in uns integrieren, werden wir lernen, dass wir an nichts festzuhalten brauchen. Wir werden Stück für Stück erkennen, dass Loslassen und Vertrauen der Schlüssel zu innerem Frieden und Harmonie ist. Alles kommt und geht. Das bedeutet natürlich auch, dass jede scheinbar negative Situation, so schlimm sie auch erscheinen mag, vorübergehen wird. In schweren Zeiten kannst du dich also immer daran erinnern: Auch das wird vergehen – bald wird es wieder besser.

Schau dir die oben genannten Beispiele noch einmal an. Ein Fels wird zu Sand, Bioabfall zu Kompost. Die Materie ist immer noch da, aber sie besteht nun in anderer Form weiter. Das bedeutet nicht, dass etwas verloren geht, es verändert sich eben nur. Wenn wir uns dessen bewusstwerden, dann werden wir keine Angst mehr haben, etwas zu verlieren. Dinge kommen und gehen, kehren wieder, nur eben anders, neu, frisch. Freue dich über und auf Veränderung.

Umsetzung

Gib dich der Wandlung hin. Übe dich in Hingabe an das Leben und versuche nicht, Entwicklungen aufzuhalten. Vermeide es, in Widerstand gegen natürliche Veränderungen zu gehen. Nutze die Energie der Bewegung, um dich voranzubringen und vom Strom des Lebens mitziehen zu lassen.

Praktische Übung:

Traditionen wie der Buddhismus oder Hinduismus lehren oft die Kunst des Beobachtens. Eines der Geheimnisse des Lebens ist, unsere Fähigkeit zu entdecken, dass wir alles um uns herum wertfrei beobachten können, ohne es zu bewerten oder zu verurteilen und ohne etwas ändern zu wollen, ohne in eine innere Auseinandersetzung darüber einzusteigen. Wenn wir in die innere Stille gehen, lösen wir uns mental für eine Weile von der Welt.

Du wirst erkennen, dass alles von alleine geschieht, dass alles von alleine kommt und geht, ohne dass du es ziehen oder schieben musst. Nimm dir dafür ein paar Minuten Zeit, komm zur Ruhe und beobachte einfach nur. Wenn Gedanken oder Urteile aufkommen, schau zu, wie auch sie kommen und gehen. Lass sie kommen und lass sie dann ziehen. Bleibe ruhig und beobachte den ständigen Wandel.

Affirmationen:

Ich *lasse los.*

Ich *vertraue.*

Ich *lasse geschehen.*

Meditation:

Lege oder setze dich bequem hin.

Schließe deine Augen.

Nimm deinen Körper ganz bewusst wahr… deine Füße, Beine, den Oberkörper, die Hände, Arme und den Kopf

Beobachte einige Atemzüge lang deine Atmung.

Beobachte, wie der Geist immer ruhiger wird.

Werde dir jetzt nochmals bewusst, dass alles dem Prozess von stetiger Wandlung unterliegt.

Werde dir bewusst, wie sich Menschen, Abläufe, Gedanken und Ideen wandeln.

Alles um dich herum verändert sich ständig.

Du selbst veränderst dich ständig: dein Körper, deine Persönlichkeit und deine Vorstellungen.

Nimm jetzt ganz bewusst wahr, was du loslassen darfst, damit die Wandlung sich leicht vollzieht.

Nimm auch bewusst wahr, was entstehen will.

Spüre, wie du dich diesem Prozess der immerwährenden Wandlung hingibst.

Wiederhole jetzt: Ich lasse los und vertraue.

Wiederhole auch: Ich bin.

Beginne den ganzen Körper langsam wieder zu bewegen.

Öffne jetzt deine Augen.

Geh ganz präsent und bewusst wieder in deinen Alltag.

9. Das Gesetz der Relativität

Das Gesetz der Relativität besagt, dass alles, was wir wahrnehmen, relativ ist. Dies bedeutet, dass Wahrnehmung immer subjektiv ist, dass keine objektive Betrachtung der Dinge möglich ist, sondern alles relativ zu einem Bezugspunkt und unserer eigenen Perspektive ist.

Stell dir vor, du stehst an einer stark befahrenen Straße. Der Straßenlärm hört sich sehr laut an, vielleicht hältst du dir sogar die Ohren zu. Dann gehst du in deine Wohnung und schließt die Tür; nun ist der gleiche Straßenlärm für dich kaum noch wahrnehmbar. Dann bekommst du Besuch von einer Freundin, die gerade aus dem Urlaub in den Bergen zurückgekommen ist, wo sie eine Woche lang in absoluter Ruhe lebte. Als ihr beim Tee sitzt, fragt sie dich: Ist der Straßenlärm heute lauter als sonst? Du musst dich fast anstrengen, um ihn überhaupt wahrzunehmen. Nein, ihre Ohren haben sich aufgrund der Stille in den Bergen sensibilisiert und ihre Geräuschwahrnehmung ist verändert. Können wir also mit Bestimmtheit sagen, wie laut der Lärm der Straße ist? Nein, denn der Lärm ist relativ.

Das Gesetz der Relativität besagt weiterhin, dass alles, was wir wahrnehmen, nur durch die Existenz eines Bezugspunktes und eines Gegenpols wahrnehmbar ist. Beispielsweise können wir etwas nur als kalt empfinden, weil wir wissen, wie etwas sich anfühlt, wenn es warm ist. Ohne die Idee von Kälte könnte die Idee von Wärme nicht existieren.

Deine Wahrnehmung ist einzigartig und immer eingefärbt von deinen Erwartungen, Vorstellungen, deiner Vergangenheit, deiner aktuellen Gemütslage, deinem Vorwissen über eine bestimmte Sache und vielen anderen Faktoren. Manchmal scheinen dir 15 Grad warm, manchmal kalt. Die Temperatur an sich ist weder kalt noch warm.

Wahrnehmung entsteht in unserem Bewusstsein und liegt nicht in dem Objekt, das wir wahrnehmen. Ob zum Beispiel eine Melodie harmonisch oder disharmonisch ist, liegt nicht an der Melodie selbst. Die Musik – die Töne – ist reine Schwingung. Das Wahrnehmen von Harmonie entsteht in uns selbst, in unserem Geist. Sie entsteht in unserer Fähigkeit, Unterschiede wahrzunehmen, zu verstehen und einzuordnen.

Für das Universum gibt es die Bewertungen, die wir den Dingen geben, nicht. Das Universum kennt kein „gut" oder „schlecht", kein „viel" oder „wenig". Sind 15 Katzen viel oder wenig? Man kann es nicht sagen. Man könnte höchstens sagen, 15 Katzen in einem Haushalt sind viel, wenn man es in Relation zu einem sogenannten „Normalzustand" vergleicht, wozu man vielleicht sagt: Normal wären ein bis zwei Katzen in einem Haushalt, alles darüber hinaus wäre „viel". Das Universum sagt aber nicht, dass 15 Katzen viel sind, denn das Universum bewertet nicht.

Ganz besonders deutlich wird die Relativität in unseren Bewertungen von „gut" und „schlecht" oder „richtig" und „falsch". Wir glauben oft, dass unsere Urteile die rechten seien und die der anderen unrecht. Betrachte einmal die Politik. Jeder Mensch hat seine eigene Meinung und fast bei keinem anderen Thema in unserer Welt trennen sich die Meinungen so sehr wie bei der Politik. Der eine sagt: „Kommunismus ist der wahre Weg", doch der andere schwört auf den Kapitalismus. Der Dritte möchte in eine nationalistische Richtung gehen, der nächste findet, wir sollten die Anarchie leben. Was ist nun richtig? Die Antwort lautet: Es gibt kein absolutes Richtig oder Falsch.

Reflexion: In welchem Bereich meines Lebens halte ich stark an Bewertungen fest? Lasse ich anderen Menschen ihre eigene Wahrnehmung?

Tatsächlich ist es so, dass nichts im Universum eine eigenständige vorgegebene Bedeutung hat. Die Bedeutung ist diejenige, die wir den Dingen geben.

Diese Erkenntnis eröffnet neue Lösungsmöglichkeiten, um bei Meinungsverschiedenheiten und Konflikten einander besser zu verstehen und aufeinander zuzugehen.

Umsetzung

Werde dir bewusst, dass jeder Mensch seine eigene Wahrnehmung und somit seine eigene Wahrheit hat, die sich von deiner unterscheidet. Jeder nimmt etwas anderes wahr, geprägt von seiner Vergangenheit, dem aktuellen Fokus, den Emotionen sowie vielen anderen Einflüssen. So wird es dir leichter fallen, die Verhaltensweisen anderer Menschen besser zu akzeptieren und nicht zu bewerten. Du kannst Menschen in ihrem Wesenskern wahrnehmen und nicht daran messen, was sie denken.

Praktische Übung:

Beobachte dich im Laufe des Tages und stelle fest, welche Bewertungen du den Dingen gibst. Oft halten wir unsere Bewertungen für „wahr" und die der anderen für „falsch". Es ist nicht verboten, etwas zu bewerten. Natürlich ist es bis zu einem gewissen Grad ein Teil des Lebens, Dinge zu bewerten, zu analysieren und Schlussfolgerungen daraus zu ziehen. Erkenne, dass deine Bewertungen deine ganz eigenen sind. Es gibt keine allgemeingültigen Urteile über Menschen, Situationen oder eine Sache.

Affirmationen:

Es ist, wie es *ist*.

Ich nehme die Dinge so an, wie sie *sind*.

Ich bleibe in *meiner Mitte*.

Meditation:

Lege oder setze dich bequem hin.

Schließe deine Augen.

Nimm deinen Körper ganz bewusst wahr… deine Füße, Beine, den Oberkörper, die Hände, Arme und den Kopf.

Beobachte einige Atemzüge lang deine Atmung.

Spüre, wie beim Einatmen frische Energie in deinen Körper strömt.

Spüre, wie du beim Ausatmen Altes und Verbrauchtes loslässt.

Ausatmen, loslassen…

Beobachte, wie der Geist immer ruhiger wird.

Nimm jetzt wahr, in welchen Lebensbereichen du noch Bewertungen über dich selbst hast.

Lasse diese Bewertungen ganz bewusst los. Atme sie aus.

Nimm jetzt auch wahr, welche Bewertungen du noch über andere Menschen oder Umstände hast.

Lass auch diese Bewertungen ganz bewusst los und atme sie aus.

Spüre, wie der Zustand der Bewertungslosigkeit und der Relativität sich in dir ausbreitet.

Nimm die Bewertungslosigkeit wahr.

Wiederhole: Ich nehme die Dinge so an, wie sie sind.

Wiederhole auch: Ich bin.

Beginne den ganzen Körper langsam wieder zu bewegen.

Öffne jetzt deine Augen.

Geh ganz präsent und bewusst wieder in deinen Alltag.

10. Das Gesetz der Polarität

Das Gesetz der Polarität besagt, dass alles im Universum zwei Pole hat. In der östlichen Philosophie wird dies als Yin und Yang dargestellt: zwei Teile, die sich ergänzen und nicht ohne einander leben können. Jeder Pol trägt den Samen des anderen Pols in sich. Sie sind untrennbar miteinander verbunden und in stetiger Wechselwirkung.

Die ganze Welt ist eine Schöpfung aus Gegensätzen und Polaritäten. Schon unser Planet hat zwei Pole: den Nord- und den Südpol. Es gibt keinen Tag ohne die Nacht, kein männlich ohne weiblich, kein oben ohne unten, kein links ohne rechts, kein Himmel ohne Erde und vieles mehr.

Wenn nun eine der beiden Seiten gestärkt wird, erhöht sich die Spannung zwischen den zwei Polen und die Polarität strebt nach Ausgleich (das Gesetz der Polarität ist daher eng mit dem Gesetz des Ausgleichs verbunden). Wird ein Pol verstärkt, dann stärkt sich automatisch auch die andere Seite, wenn oft auch zeitversetzt. Dies ist einer der Schlüssel zum Verständnis dieses Gesetzes.

Schau dir zum Beispiel die Polarität zwischen Tag und Nacht an. Über ein Jahr hinweg gesehen strebt die Länge des Tages immer nach Ausgleich mit der Länge der Nacht. Zur Sommersonnenwende haben wir den längsten Tag und die kürzeste Nacht, dann dreht sich das Verhältnis um. Die Nächte werden wieder länger, und zwar so lange, bis auch hier wieder der Ausgleich erreicht ist und die Tage wieder länger zu werden beginnen. An diesem Beispiel erkennst du sehr gut den Ausgleich zwischen den Polaritäten.

Ebenso verhält es sich auch in unserem Alltag. Wenn du an einem Tag fröhlich bist, weißt du, dass es auch weniger fröhliche Tage gibt oder Tage, an denen du dich vielleicht melancholisch fühlst. An trübsinnigen Tagen weißt du jedoch, dass es auch die fröhlichen Tage gibt und diese entsprechend dem Gesetz der Polarität mit Bestimmtheit wiederkommen werden.

Das Gesetz der Polarität ist aber noch mehr als das Wissen, dass alles zwei Seiten hat. Um das Gesetz der Polarität für sich voll und ganz nutzen zu können, sollte man vor allem verstehen, dass wir mit unseren Gedanken, speziell durch Urteile, in uns selbst Polarität erschaffen. Je mehr du etwas ablehnst oder begehrst, desto höher wird die Spannung zwischen den Polen in dir und in deinem Leben und du manifestierst diese Polarität, oft unbewusst.

Wenn du Geld in deinen Gedanken stark begehrst, Armut dagegen stark ablehnst, vielleicht weil du davor Angst hast, kreierst du damit eine Polarität und eine Spannung zwischen den zwei Gegensätzen in dir. Das bedeutet, dass du dir zwar Reichtum fest wünschst, dir außen jedoch immer wieder Armut begegnen wird. Je mehr du sie ablehnst, desto stärker wird sie sich zeigen, weil das der natürliche Weg zum Ausgleich des Pols eines starken Strebens nach Reichtum ist.

Das Gleiche gilt zum Beispiel für Sanftheit und Wut. Wenn du Angst vor Aggressivität und Wut hast und sie stark ablehnst, wirst du in dir ein Übermaß an Sanftheit kultivieren. Du wirst vielleicht Konflikten aus dem Weg gehen und dich gegenüber aggressiven Menschen nicht wehren. Nach dem Gesetz der Polarität wird dir die von dir innerlich abgelehnte Wut so lange außen begegnen, bis in dir ein Gleichgewicht zwischen Sanftheit und Wut hergestellt worden ist. Sobald das geschieht, braucht sich die Polarität nicht mehr nach außen auszugleichen und Harmonie kehrt zurück: in diesem Fall ein gesundes Maß zwischen Sanftheit und Wut. Die Angst, Grenzen zu setzen und dich zu wehren, wird wegfallen.

Dies gilt für jeden Teil einer Polarität, den du ablehnst. Alles, was du in dir nicht sehen willst, zeigt sich dir umso mehr im Außen. Solange du das Gesetz nicht verstehst, wirst du dich fragen, warum das so ist. Du hast doch mit deinen Gedanken eigentlich das genaue Gegenteil erschaffen wollen.

Stell es dir vor wie bei einem Pendel: Je stärker das Pendel auf eine Seite schwingt, desto stärker schwingt es auch auf die andere Seite. Je mehr wir in Extremen leben, desto mehr werden wir ihre Gegensätze erfahren, damit zwischen den Polen ein Ausgleich geschaffen wird. Wie können wir diese Dynamik also beruhigen? Das heißt nicht, dass du dich nicht dafür einsetzen sollst dich zum Beispiel gegen Armut zu engagieren. Handle aber bei allem aus innerer Harmonie heraus.

Das Geheimnis zu einem Leben in erfüllter Harmonie zwischen den Gegensätzen ist demnach die Fähigkeit, Dinge zu akzeptieren, so wie sie sind, sie neutral zu beobachten und keine extremen Urteile in dir zu hegen. Alles ist Teil der Schöpfung, alles ein Tanz der Energie zwischen den Gegensätzen. Die Urteile „gut" oder „schlecht" sind lediglich Erfindungen der Menschheit und nichts im Universum trägt diese Etiketten in sich.

Umsetzung

Stell dir das Pendel vor, das hin- und herschwingt: Es ist immer in Bewegung zwischen den zwei Polen. Lässt man es sein und stößt es nicht mehr in die eine oder andere Richtung an, wird es irgendwann zum Stillstand kommen. Das ist eine Metapher für das Leben. Erkenne, dass du die natürliche Balance zwischen zwei Polen bevorzugen solltest, anstatt dich nur auf einen der beiden Pole zu konzentrieren. Dies erreichst du, indem du deine gedanklichen Urteile über eine bestimmte Sache neutralisierst. Erkenne an, dass es Reichtum und Armut gibt, lehne keinen der Teile ab.

Versuche also, eine Harmonie zwischen den Polen aufrechtzuerhalten. Sieh, dass alles seinen Platz hat. Akzeptiere die Dinge so, wie sie sind, und lehne dich nicht gegen sie auf. Damit wird für dich eine natürliche Balance in den Dingen entstehen.

Praktische Übung:

Lasse Bewertungen bewusst los. Wenn du merkst, dass du ein sehr starkes Verlangen nach etwas hast, so lass dieses los. Wenn du spürst, dass du etwas extrem ablehnst, so lass auch das los. Sieh, dass alles ein Spiel der Polaritäten ist, das den Ausgleich anstrebt, und gib dich diesem Spiel hin.

Affirmationen:

Ich lasse den *Fluss des Lebens* zu.

Ich lebe im *Hier* und *Jetzt.*

Ich lebe in *Harmonie* mit allem.

Meditation:

Lege oder setze dich bequem hin.

Schließe deine Augen.

Nimm deinen Körper ganz bewusst wahr… deine Füße, Beine, den Oberkörper, die Hände, Arme und den Kopf.

Beobachte einige Atemzüge lang deine Atmung.

Beobachte, wie der Geist immer ruhiger wird.

Werde dir bewusst, dass sich alles in deinem Leben zwischen den Polen abspielt.

Alles hat zwei Pole.

Werde dir auch bewusst, dass du selbst immer wieder das Gleichgewicht zwischen den Polen herstellen kannst.

Nimm jetzt die Harmonie wahr, die in deiner Umgebung herrscht.

Nimm jetzt die Harmonie wahr, die in dir herrscht.

Nimm jetzt die Harmonie wahr, die zwischen dir und deiner Umgebung herrscht.

Wiederhole jetzt für dich: Ich bin in Harmonie mit allem.

Wiederhole auch: Ich bin.

Beginne den ganzen Körper langsam wieder zu bewegen.

Öffne jetzt deine Augen.

Geh ganz präsent und bewusst wieder in deinen Alltag.

11. Das Gesetz des Rhythmus

„Wir werden mitgerissen vom Strom des städtischen Getümmels,

bis wir den Rhythmus des einfachen Lebens auf dem Lande vergessen,

das im Frühling heiter lächelt, im Sommer keine Mühen scheut,

im Herbst die Früchte dieser Mühen erntet und im Winter ruht.“

– Kahlil Gibran –

Das Gesetz des Rhythmus besagt, dass alles einen eigenen Rhythmus hat. Du kennst es von den Gezeiten, von den Jahreszeiten oder auch von deinem eigenen Tagesablauf. Wenn wir uns dem Rhythmus der Dinge hingeben und mit ihm mitgehen, dann fallen uns die Dinge viel leichter. Wie schon beim Gesetz der Polarität und beim Gesetz des Ausgleichs beschrieben, ist auch das Gesetz des Rhythmus ein Spiel, das nach Harmonie und Ausgleich strebt.

Stell dir vor, du bist auf einer Tanzveranstaltung. Wenn schnelle Musik gespielt wird, bewegt sich dein Körper schnell, bei langsamer Musik passt sich dein Körper an und bewegt sich langsam, im Einklang mit dem Rhythmus der Musik. Manchmal bewegen wir uns aber auch nicht und sitzen vielleicht am Rand der Tanzfläche, um uns auszuruhen und die anderen Tänzer zu beobachten. Dies ist eine Metapher für unser Leben. Die äußeren Einflüsse sind wie die Musik, die gespielt wird, und wie wir uns bewegen ist der Tanz, den wir mit dem Leben tanzen. Zudem hast du auch deinen eigenen Rhythmus, der dir anzeigt, wann es Zeit ist zu ruhen. Je mehr wir uns diesen Rhythmen anpassen, sie akzeptieren und nicht versuchen, sie zu ändern oder uns ihnen entgegenzustellen, desto mehr Harmonie werden wir im Leben spüren und die Dinge werden wie von alleine geschehen.

Schau dir folgende Beispiele an: Wenn es draußen dunkel wird, gehen wir schlafen, bei Tageslicht sind wir wach. Im Sommer sind wir aktiv; im Winter, wenn es kalt ist, sind wir eher nach innen gekehrt und gehen ruhigeren Tätigkeiten nach. Im Frühling säen wir Samen auf den Feldern, im Herbst ernten wir. Unser Leben ist stark beeinflusst vom Rhythmus der Dinge um uns herum.

Reflexion: Wie fühlst du dich gerade? Betrachte dein eigenes Befinden im Hinblick auf den äußeren Rhythmus. Welche Tageszeit ist es? Welche Jahreszeit? Welcher Wochentag? Fühle, wie diese Rhythmen dein Befinden beeinflussen.

In unserem eigenen Tagesablauf merken wir, dass wir zum Beispiel neben Aktivitäten auch immer wieder Pausen brauchen. Wenn wir diesen Rhythmus vernachlässigen, werden wir mit der Zeit spüren, dass wir Energie verlieren. Du kennst es sicher, dass du an manchen Tagen ausgeschlafen und fit zur Arbeit gehst, während du an anderen Tagen einfach nicht aus dem Bett kommst. Oder es ist dir vielleicht schon passiert, dass du morgens motiviert und wach den Tag begonnen hast, dich aber am Abend leer und ausgelaugt gefühlt hast. Dies hat oft die Ursache, dass wir nicht auf die natürlichen Rhythmen unseres Körpers achten und nicht auf seine Bedürfnisse hören, indem wir zum Beispiel genug schlafen, Ruhepausen einlegen, Sonnenlicht tanken, uns gut ernähren, meditieren und so weiter. Es ist auch ratsam, sich nicht langfristig gegen die natürlichen Rhythmen aufzulehnen, zum Beispiel nicht am Tag zu schlafen und in der Nacht wach zu sein.

Auch Beziehungen haben ihren Rhythmus. So gibt es Phasen, in denen wir mit einem Partner viel Zeit zusammen verbringen und viele Dinge gemeinsam unternehmen, und es gibt Phasen, in denen wir ruhiger zusammenleben oder uns vielleicht nicht so oft sehen. Je mehr wir uns diesem Rhythmus hingeben und ihn akzeptieren, desto leichter wird es uns fallen, eine zufriedenstellende Beziehung zu führen.

Natürlich hast auch du selbst einen eigenen Rhythmus, der sich von dem der anderen Menschen unterscheidet. Es ist daher wichtig, dass du in den verschiedenen Lebensbereichen deinen eigenen Rhythmus findest und auf ihn hörst. Auf der körperlichen Ebene hat jeder Mensch seinen individuellen Biorhythmus. Aber es gibt auch kreative Rhythmen oder spirituelle Rhythmen. Es ist auf Dauer nicht gesund, sich nur an den Rhythmen von anderen Menschen zu orientieren. Du bist einzigartig und dein Rhythmus ist es auch. Je mehr du deinen Rhythmus fühlst, akzeptierst, ehrst und dich nach ihm richtest, desto mehr wirst du in Harmonie mit deinem Umfeld sein und desto mehr wirst du auch (laut dem Gesetz der Anziehung) Menschen anziehen, deren Rhythmus mit deinem mitschwingt.

Mit deinem eigenen Rhythmus zu schwingen bedeutet, das zu tun, was zu dir passt. Hör mehr auf deine innere Stimme als auf die Stimmen von außen. Manchmal bedeutet die Harmonie mit deinem eigenen Rhythmus, sich gegen die Meinung anderer zu stellen, weil deine Intuition deinen natürlichen Rhythmus besser wahrnimmt als deine Mitmenschen.

Umsetzung

Spüre den Rhythmus in allem. Spüre, wann Zeit ist für Aktivität und wann Zeit ist für Ruhe. Versuche, mit den natürlichen Rhythmen der Dinge mitzugehen, und versuche nicht, künstliche Rhythmen zu erschaffen.

Praktische Übung:

Achte ganz bewusst auf deinen eigenen Rhythmus. Wann hast du Hunger? Iss dann, wenn du Hunger hast, nicht wenn es Zeit ist zu essen. Wann fühlst du dich müde? Lege Pausen ein, tu dir etwas Gutes, um dich wieder aufzuladen. Zu welchem Zeitpunkt fühlst du dich aktiv und „auf der Höhe"? Nutze diese Zeit für kreative Arbeit. Hör auf deinen Körper. Finde deinen eigenen, einzigartigen Rhythmus. Ehre ihn und hör auf ihn.

Affirmationen:

Ich gebe mich dem *Rhythmus des Lebens* hin.

Ich spüre meinen *eigenen Rhythmus*.

Ich gehe *vorwärts*.

Meditation:

Lege oder setze dich bequem hin.

Schließe deine Augen.

Nimm deinen Körper ganz bewusst wahr… deine Füße, Beine, den Oberkörper, die Hände, Arme und den Kopf.

Beobachte einige Atemzüge lang deine Atmung.

Konzentriere dich auf deine Atmung… atme ruhig ein… atme ruhig wieder aus.

Nimm wahr, wie deine Atmung sich in Harmonie mit dem Leben hebt und senkt.

Beobachte, wie der Geist immer ruhiger wird.

Spüre nun ganz bewusst in dich hinein.

Spüre den Rhythmus deines Körpers.

Spüre den Rhythmus deines Lebens.

Werde dir bewusst, was es braucht, damit dein Leben im Gleichgewicht bleibt.

Spüre, wie alle deine Lebensbereiche dank der universellen Gesetze immer mehr in ein Gleichgewicht kommen.

Wiederhole jetzt für dich: Ich spüre den Rhythmus meines Lebens und lasse ihn zu.

Wiederhole auch: Ich bin.

Beginne den ganzen Körper langsam wieder zu bewegen.

Öffne jetzt deine Augen.

Geh ganz präsent und bewusst wieder in deinen Alltag.

12. Das Gesetz des Geschlechtes

„Alle Dinge haben im Rücken das Weibliche und vor sich das Männliche.

Wenn Männliches und Weibliches sich verbinden,

erlangen alle Dinge Einklang."

– LAOTSE –

Das Gesetz des Geschlechtes besagt, dass es in allem männliche und weibliche Energien gibt. Diese zwei Energien sind der Ursprung der Schöpfung. Sie ergänzen sich auf wundersame Art und Weise. Erst durch das Zusammenkommen von männlicher und weiblicher Energie ist Leben überhaupt möglich. Da jeder Mensch aus beiden Energien heraus entstanden ist, sind diese zwei Energien auch in jedem Menschen vorhanden. Es ist eine unserer Aufgaben, diese Energien im Gleichgewicht zu halten.

Die männliche Energie ist das aktive Prinzip. Sie ist zielgerichtet, erschaffend, fokussiert und nach außen gerichtet. Die weibliche Energie ist das passive Prinzip. Sie ist schöpferisch, kreativ, annehmend, umwandelnd und nach innen gerichtet.

Im Yoga werden diese zwei Energien auch anhand der Energiebahnen dargestellt, wobei es eine Hauptenergiebahn für die männliche Energie und eine für die weibliche Energie gibt.

Ida Nadi („Nadi" = Energiebahn) steht dabei für die weibliche Mondenergie. Ida entspringt an der linken Seite vom Wurzelchakra, bewegt sich spiralförmig nach oben und kommt dann zum Endpunkt an der Wurzel des linken Nasenlochs. Ida ist zuständig für die linke Körperhälfte und aktiviert die rechte Gehirnhälfte. Diese Energiebahn wird auch mit dem parasympathischen Nervensystem, das für die Entspannung zuständig ist, assoziiert.

Pingala Nadi steht für die männliche Sonnenenergie. Pingala entspringt an der rechten Seite vom Wurzelchakra, bewegt sich spiralförmig nach oben und kommt dann zum Endpunkt an der Wurzel des rechten Nasenlochs. Pingala ist zuständig für die rechte Körperhälfte und aktiviert die linke Gehirnhälfte. Es wird auch mit dem sympathischen Nervensystem, das für die Aktivierung zuständig ist, assoziiert.

Übrigens: Nach dem Gesetz des Geschlechtes ist es nicht so, dass sich Frauen vor allem mit den weiblichen Energien befassen sollen und Männer mit den männlichen, sondern es geht darum, die eigenen (inneren) männlichen und weiblichen Energien auszugleichen und beide Energien zu leben. Im Falle eines Ungleichgewichts werden sich Symptome bemerkbar machen.

Wenn wir uns zum Beispiel in unserer Arbeit zu sehr verausgaben, also die männlichen, nach außen gerichteten Energien zu stark vorherrschen, dann werden wir irgendwann einmal müde, erschöpft oder gelangen sogar in ein Burnout. Es ist unsere Aufgabe, immer auch die weiblichen, die nach innen gerichteten, ruhigen Energien lebendig zu halten. Sind wir dagegen zu passiv, also leben wir zu sehr die weiblichen Energien, kann das zu Unzufriedenheit oder sogar Depression führen. Es gilt also immer wieder zu schauen: Sind die weiblichen und männlichen Energien bei mir in Balance?

Umsetzung

Halte sowohl den männlichen wie auch den weiblichen Energiefluss aktiv. Plane sowohl aktive Phasen in deinen Tagesablauf ein, in denen du kommunizierst, dich bewegst, Dinge umsetzt, und baue zugleich auch passive Phasen in deinen Tagesablauf ein, in denen du nachdenkst, meditierst oder für Entspannung und Stille sorgst.

Praktische Übung:

Spüre, welche kurze Übung dir momentan täglich guttun würde, um deine weiblichen und männlichen Energien auszugleichen. Ist dies eine eher männliche Aktivität, zum Beispiel Körperübungen, spazieren, gärtnern? Oder eine eher weibliche Aktivität, wie zum Beispiel meditieren, Tagebuch schreiben, lesen. Plane diese Aktivität für die kommende Woche täglich ein.

Affirmationen:

Ich lebe meine *männlichen* und *weiblichen* *Anteile*.

Ich lasse die *aktive* und die *passive Energie* zu.

Ich lebe im *Einklang*.

Meditation:

Lege oder setze dich bequem hin.

Schließe deine Augen.

Nimm deinen Körper ganz bewusst wahr... deine Füße, Beine, den Oberkörper, die Hände, Arme und den Kopf.

Beobachte einige Atemzüge lang deine Atmung.

Beobachte, wie der Geist immer ruhiger wird.

Bringe deine Aufmerksamkeit in deinen gesamten Körper.

Spüre die unterschiedlichen Energien in deinem Körper: die männliche und weibliche Energie.

Wo nimmst du extrovertierte männliche Energie wahr?

Wie fühlt sich diese Energie an?

Wo nimmst du introvertierte weibliche Energie wahr?

Wie fühlt sich diese Energie an?

Fühle nun, was dein Körper sich in diesem Moment wünscht.

Wünscht er sich Aktivität oder Passivität?

Sehnt er sich nach Ruhe oder nach Bewegung?

Fasse den Entschluss, deinem Körper das zu geben, was er braucht.

Fühle nun, was dein Geist sich in diesem Moment wünscht.

Wünscht er sich Aktivität oder Passivität, Denken oder Fühlen?

Fasse den Entschluss, auch deinem Geist das zu geben, was er braucht.

Wiederhole jetzt für dich: Ich bin in mir selbst ausgeglichen.

Wiederhole auch: Ich bin.

Beginne den ganzen Körper langsam wieder zu bewegen.

Öffne jetzt deine Augen.

Geh ganz präsent und bewusst wieder in deinen Alltag.

Ein Wort auf den Weg

Ich freue mich von Herzen für dich, dass du den Weg zu deinem zauberhaften Leben eingeschlagen hast und bereit bist, mit Hilfe der universellen Gesetze Leichtigkeit, Lebensfreude, Liebe und Klarheit in dein Leben zu bringen.

Du wirst noch weit über dieses Buch hinaus von den universellen Gesetzen profitieren und sicherlich immer wieder einmal an dieses Buch mit seinen Inspirationen denken.

Ich wünsche dir, dass du weiterhin wahrlich zauberhafte Erkenntnisse hast und sich immer mehr Magie in deinem Leben ausbreitet.

Melde dich gerne bei mir mit deinen Erkenntnissen, ich freue mich, von dir zu hören:

backoffice@barbara-kuendig.ch

Über die Autorin

Barbara Kündig leitet seit vielen Jahren ihr Online-Transformationsprogramm „Life Mastery", in dem sie schon viele Teilnehmerinnen darin begleitet hat, zur wahren Meisterin ihres Lebens zu werden.

Zudem gibt sie Ausbildungen zu Intuition, Life Mastery und Yoga Nidra weltweit.

Sie hat Psychologie sowie Staatswissenschaften studiert, ist Yogalehrerin und Mutter von zwei Kindern.

Sie unterrichtet und begleitet ihre Teilnehmer mit viel Liebe, Intuition, Klarheit und Humor.

Mehr Informationen findest du unter:

www.barbara-kuendig.ch

Bücher, CDs und Kartensets von Barbara Kündig im Windpferd Verlag:

Yoga Nidra – die Perle der Tiefenentspannung (Buch und CD); 2010. ISBN 978-3-89385-637-4

Yoga-Inspiration (Kartenset); 2011. ISBN 978-3-89385-665-7

Tiefenentspannung nach Yoga Nidra (CD); 2012. ISBN 978-3-86410-001-7

Intuitiv richtig – wir wissen mehr als wir denken, Co-Autorin: Marta Sinclair (Buch und CD); 2012. ISBN 978-3-86410-022-2

Chakra Yoga Nidra – Tiefenentspannung für Körper, Geist und Chakren (Buch und CD); 2014. ISBN 978-3-86410-081-9

Yoga Nidra für Kinder, Co-Autorin: Barbara Schluep (Buch und CD); 2015. ISBN 978-3-86410-098-7

Yoga Asanas für mehr Leichtigkeit und Lebensfreude (Buch); 2015. ISBN 978-3-86410-108-3

Life Mastery – 12 Schritte zu vollkommener Gelassenheit (Buch mit CD); 2018. ISBN 978-3-86410-187-8

Life Mastery – das Tagebuch; 2019. ISBN 978-3-86410-201-1

*Yoga Nidra – die Perle
der Tiefenentspannung*

Buch und CD; 2010

ISBN 978-3-89385-637-4

Yoga Nidra für Kinder

Co-Autorin: Barbara Schluep

Buch und CD; 2015

ISBN 978-3-86410-098-7

Yoga-Inspiration

Kartenset; 2011

ISBN 978-3-89385-665-7

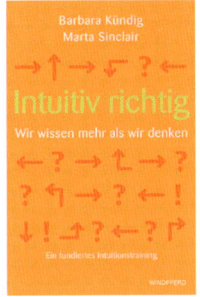

*Intuitiv richtig – wir wissen
mehr als wir denken*

Co-Autorin: Marta Sinclair

Buch und CD; 2012

ISBN 978-3-86410-022-2

*Tiefenentspannung
nach Yoga Nidra*

CD; 2012

ISBN 978-3-86410-001-7

*Chakra Yoga Nidra –
Tiefenentspannung für
Körper, Geist und Chakren*

Buch und CD; 2014

ISBN 978-3-86410-081-9

*Yoga Asanas für mehr
Leichtigkeit und Lebensfreude*

Buch; 2015

ISBN 978-3-86410-108-3

Zum persönlichen Gebrauch kannst du dir die Meditationen der beiliegenden CD auch im Format MP3 herunterladen. Besuche hierzu www.windpferd.de/das-universum-kennt-deinen-weg-downloads und melde dich dort mit folgenden Daten an: Benutzername: universum   Passwort: cw8fPFDf@RJsaQ

12 Schritte zu vollkommener Gelassenheit (Buch mit CD)

Gebundene Ausgabe 120 Seiten, farbig mit CD (Spielzeit 60 Min.) · Format: 16,0 x 16,0 cm · ISBN: 978-3-86410-187-8

Mit 12 Schritten begibst du dich auf eine innere Reise und kommst dem Ziel nach Leichtigkeit einen großen Schritt näher: durch praktische Übungen für mehr Energie, innere Ruhe und Gelassenheit. Barbara Kündig zeigt dir in diesem Ratgeber, wie du lernst, deine Gefühle anzunehmen, ohne ihnen die Kontrolle zu überlassen. Öffne dein Herz, vertraue deiner Intuition und gib Spiritualität eine Chance. Mit diesem Bewusstsein wirst du zum wahren Meister deines erfüllten Lebens!

Vollkommene Gelassenheit in 12 Schritten umsetzen

Broschiert 112 Seiten · Format: 21,0 x 29,7 cm · ISBN: 978-3-86410-201-1

„Das «Life Mastery Tagebuch» ergänzt das Buch «Life Mastery» auf wunderbare Weise. Schon das Buch fordert die Leserin regelmäßig mit praxisorientierten Übungen auf, das Gelesene sofort umzusetzen. Das Tagebuch nun ist ein Begleiter über 12 Wochen in die vollkommene Gelassenheit zu gelangen.